教练型领导

有效带人、激发潜能的
教练原理与实务

［美］
斯科特·奥斯曼（Scott Osman）
杰奎琳·莱恩（Jacquelyn Lane）
马歇尔·古德史密斯（Marshall Goldsmith）
著

陶尚芸 译

机械工业出版社
CHINA MACHINE PRESS

北京市版权局著作权合同登记号　图字：01-2024-0584。

图书在版编目（CIP）数据

教练型领导：有效带人、激发潜能的教练原理与实务 /（美）斯科特·奥斯曼（Scott Osman），（美）杰奎琳·莱恩（Jacquelyn Lane），（美）马歇尔·古德史密斯（Marshall Goldsmith）著；陶尚芸译. — 北京：机械工业出版社，2024.6

书名原文：Becoming Coachable: Unleashing the Power of Executive Coaching to Transform Your Leadership and Life

ISBN 978-7-111-75934-8

Ⅰ.①教⋯　Ⅱ.①斯⋯ ②杰⋯ ③马⋯ ④陶⋯　Ⅲ.①企业领导学　Ⅳ.①F272.91

中国国家版本馆CIP数据核字（2024）第107758号

机械工业出版社（北京市百万庄大街22号　邮政编码100037）
策划编辑：坚喜斌　　　　　　责任编辑：坚喜斌　陈　洁
责任校对：肖　琳　李　杉　　责任印制：刘　媛
唐山楠萍印务有限公司印刷
2024年8月第1版第1次印刷
145mm×210mm·8.5印张·3插页·159千字
标准书号：ISBN 978-7-111-75934-8
定价：69.00元

电话服务　　　　　　　　　网络服务
客服电话：010-88361066　机 工 官 网：www.cmpbook.com
　　　　　010-88379833　机 工 官 博：weibo.com/cmp1952
　　　　　010-68326294　金 书 网：www.golden-book.com
封底无防伪标均为盗版　机工教育服务网：www.cmpedu.com

赞誉

"这本书是一场领导力之旅，引导和促使领导者向谦逊、爱和服务的方向发展。在此过程中，该书培育了'同心协力'的繁荣型领导力管理体系，并在团队和组织中设计了'爱的连接'文化。它为那些致力于为所有利益相关者创造价值，并为那些从事更崇高事业的领导者提供了重要的资源。"

——艾伦·穆拉利（Alan Mulally） 福特和波音商用飞机公司前首席执行官，《财富》杂志"全球最伟大领袖"排名第三

"这本书是寻求成长、适应力和成功的领导者的必读书。凭借其可操作的洞见和有力的案例，该书将激励你释放自己的全部潜力，带着目标、激情和谦卑去领导团队。"

——休伯特·乔利（Hubert Joly） 百思买集团前首席执行官，被《哈佛商业评论》评为全球表现最佳的首席执行官之一

"这本书通过对教练力量的深刻探索，为领导者提供了丰富的资源。从教练型领导，到推进事业的繁荣发展，再到个

人生活的繁华美满，该书巧妙地将这一切连接成一个清晰的整体。任何想要提升自己领导力的人都可以从这部面面俱到的指南中受益。"

——萨莉·海格森（Sally Helgesen）　福布斯女性领袖第一教练，Thinkers 50"名人堂"成员

"这本书是一本非凡的指南，它能引发一场个人革命。对于那些渴望在个人生活和职业生涯中繁荣发展的领导者来说，这本书带他们踏上的教练之旅就是一场变革。"

——马丁·林德斯特伦（Martin Lindstrom）　林德斯特伦公司的创始人兼首席执行官，被《时代》杂志评为"全球100位最具影响力人物"之一，《纽约时报》畅销书作家

"这本书的三位作者创作了一部关于个人转变的大师级作品。他们循序渐进地拥抱变化，欢迎反馈，采取行动，并对自己负责，这是一条通往非凡成长的道路。如果你想要充分释放高管教练的力量，创造一种繁荣的生活，这是一部必读佳作。"

——泰勒·本-沙哈尔（Tal Ben-Shahar）博士　幸福研究学院联合创始人，哈佛大学前教授，国际畅销书作家

"领导力提升是一场持续的旅程，而这本书就是这场旅程的宝贵指南。我们有必要适时强调创造繁荣环境的重要性。这

是每个领导者都应该拥有的全新视角。"

——桑音·香（Sanyin Siang） 第一教练，Thinkers 50 "名人堂" 成员（2019 年），《图书发行手册》（*The Launch Book*）作者

"这本书是一份请柬，邀你敞开心扉、放开胸怀去感受教练的变革力量，它是个人专业发展领域这片浩瀚海洋中的一盏指路明灯。"

——奇普·康利（Chip Conley） 酒店业企业家，《纽约时报》畅销书作家

"这本书是领导力和个人发展领域的杰作。正如知识必须转化为行动才能让企业成功一样，领导者必须接受教练指导才能通往繁荣之路。而这本书是助你进行教练型领导的卓越指南。"

——杰弗里·普费弗（Jeffrey Pfeffer） 斯坦福大学商学院组织行为学教授，《工作最怕光说不练》（*The Knowing-Doing Gap*）的合著者

"我从教练生涯中获益良多，唯一的遗憾是没有早点开始教练之旅。这本书是一本必备的个人成长转型指南，与建立成功企业的历程相辅相成。我真的很喜欢这种拥抱改变、反馈、

行动和责任的实用方法。强烈推荐给资深且有抱负的领导者阅读。"

——亚历克斯·奥斯特瓦德（Alex Osterwalder）战略家网站（Strategyzer）创始人兼首席执行官，洛桑国际管理发展学院客座教授

"教练是目前最强大且最具变革性和成长潜能的一套领导力修炼方法。教练赋予并创造了似乎不可能的可能。然而，一个人要充分受益于专业教练，就必须对教练过程持开放态度。这本书的作者们精心制作了一份宝贵的指南，助你通过教练促进成长，并为那些寻求从教练过程中获得最大利益的人提供了一个稳固的框架。这本书是领导力发展的基石。"

——马格达莱纳·诺维卡·莫克（Magdalena Nowicka Mook）国际教练联合会首席执行官

"这本书展示了高管教练之旅的可及性和变革性。正如我们的目标是彻底改变教练网（Coaching.com）上的教练模式一样，这本书彻底改变了我们对教练过程的理解。而教练过程是领导力发展的主打内容。"

——亚历克斯·帕斯卡尔（Alex Pascal）教练网创始人兼首席执行官

"要想从教练中获得最大的收获,最重要的是你得有这样的心愿!而这本书可以教你如何做到这一点!在你的职业生涯中,你没有那么多年的时间来做出真正的改变,所以,为什么不趁你还有能力的时候,尽你所能地做出点壮举来呢?在这本书中,斯科特、杰奎琳和马歇尔向你展示了如何达成这些目标。"

——布莱恩·O. 昂德希尔(Brian O. Underhill)博士 教练之源有限责任公司(CoachSource, LLC)创始人兼首席执行官

谨以此书献给那些教练型领导者，

他们创造了集体的成功，

迎来了人类的繁荣。

致读者

　　作为领导者，你可能会感到孤独，但你无须孤军奋战。如果你愿意敞开心扉，教练会为你提供支持，这样，我们就可以一起创造人类的繁荣了。这可能现在对你的意义不大，但我们希望，当你读完这本书时，它会变得意义重大。你很快就会明白你所做的工作有多重要，你如何通过高管教练让你的潜能得以释放，让你所爱和领导的人的生活变得丰富多彩。

　　做一个深呼吸，让我们开启一段充满爱、感激和惊奇的教练之旅吧！

斯科特·奥斯曼

杰奎琳·莱恩

马歇尔·古德史密斯

推荐序一

假设你在书店里看到了一本名为《教练型领导》的书，你马上就能想到许多你认识的人，他们都应该深入阅读这本书。如果他们读了这本书，从而成为更优秀的人，他们的生活将会更容易，世界也将会更美好。无论是在办公室、在家里还是在机场，只要你愿意接受教练指导，甜蜜和光明就会属于你。

维珍品牌创始人理查德·布兰森（Richard Branson）是我的朋友，他有一种非常巧妙的方法让雄心勃勃的人变成教练型领导。他在催生了 400 多家维珍公司之后突然发现，他没完没了地参加会议，但每次都表现出不可思议的新鲜热情。他会在第一时间拿出一个看起来很耐用的精装笔记本做会议笔记。他会问一些澄清性的问题，而不带评判的意味。这样做的价值真是太令人震撼了。实际上，这位大老板对你的想法很感兴趣！这位对你最重要的领导有多少次在倾听你的心声？这并不是说理查德先生同意你的一切，但他参与的意愿极大地激励了其他人甚至是他自己，因为这让他感觉更有存在感。

理查德无言地示范了如何成为教练型领导。如果一个领导者可以通过这种方式点燃人们的心灵和智慧，那么，想象一下，如果他的团队成员看到他手捧一本《教练型领导》，他们会怎么想？如果有人发现你正在阅读这本书，你会发出什么样的信息？

具有讽刺意味的是，在这种情况下，你真的应该以自己为中心，因为你只有通过自己脆弱的意愿去改善局面，你才能希望别人也有勇气这样做。我的朋友柯蒂斯·马丁（Curtis Martin）和保罗·加索尔（Paul Gasol）在成为超级巨星时就遵循了这一原则，为他们赢得了令人垂涎的 NFL 和 NBA 名人堂席位。即使在达到职业生涯的顶峰之后，他们依然保持着谦逊的态度。我和我的同事、美国奥委会首席执行官萨拉·赫什兰（Sarah Hirshland）经常观察到：有些人的第一职业是运动员，又在第二职业生涯中变身为非常成功的商业专家。最好的领导者从来不会不屑于做他们要求别人做的事情。

1998 年，世界经济论坛（World Economic Forum）邀请我采访了 200 位领导者，他们史诗般的职业生涯跨越了几十年，从奥普拉（Oprah）和昆西（Quincy）到比尔·盖茨（Bill Gates）和波诺（Bono），还有纳尔逊·曼德拉（Nelson Mandela）等。我在担任了 20 年的董事会成员和高管之后，又冒险在达沃斯开启了我的第二份职业，即担任首席执行官教练，还创作了一本畅销书《成功长青：谁都可以拥有意义非凡的人生》（*Success Built to Last: Creating a Life that Matters*）。纳尔逊·曼德拉坚持认为，我把领导力描述为一种承诺，即指导他人发现他们的潜力，而不是只关注我们自己的潜能，我们要激励他人像我们一样拥有集体教练旅程。你的优秀程度取决于你能说服的人。

嘉信理财集团的创始人查尔斯·施瓦布（Charles Schwab）就是这样建立自己的公司的。查尔斯请我帮忙创建了第一家在线投资公司。我真希望自己也拥有这样的父亲，他总是哄着我去追求更高的目标。他警告说："如果不继续攀登，你就会失败。"换句话说，你的工作就是成长并帮助他人成长，否则你就会被更敏捷的竞争对手甩在后面。为了让你的竞赛成绩更上一层楼，教练旅程是至关重要的。

美国女子职业网球运动员维纳斯·威廉姆斯（Venus Williams）在她的职业生涯中同时拥有多达四名教练：技术教练、体能教练、营养教练和心态教练。维纳斯的故事让我想起了这本书的其他两位作者，杰奎琳·莱恩和斯科特·奥斯曼，因为他们有一双慧眼，能在合适的时间和合适的目标下找到合适的教练人才。再说维纳斯，即使她进入商业世界，她也无法想象一个没有教练的世界。她坚持要我和她一起参加斯坦福大学的八门在线课程的学习以进一步增强她的强大技能。她激励我成为一名更好的教练，我感动于她在职场竞争中追求卓越的执着，她那令人难以置信的自律和价值观，以及她从个人超级巨星转变为团队领袖的自我意识和决心。说她是一位教练型领导只是对她的优秀的一种轻描淡写。

维纳斯从不满足于她的荣誉。真正成功的人从不满足于自己的荣誉。我在斯坦福大学的教授吉姆·柯林斯（Jim Collins）在他的一本传奇畅销书的开篇就警告说："'优秀'是'伟大'的敌人。"不要在通往伟大的道路上停歇，即便你已经硕果累累，也要不断攀登。成长是一种实践，而不是一项计划。

因此，在你职业生涯的每个赛季，你都值得拥有一位伟大的教练、一个有爱的批评家，他会让你负起责任，但不会做出判断。本书的第三位合著者马歇尔·古德史密斯每天都像哥哥一样给我打电话。我们每天例行半小时来更新我们的目标、适应度、人际关系、幸福和价值。令人震惊的是，给彼此建议比遵循建议容易得多！正如马歇尔曾经写过的一句名言："没有屡试不爽的管理方法。"走向繁荣意味着你在真正重要的事情上懂得虚心受教。拿起这本书，你就会明白这一点。当你成长的时候，其他人会追随你。

马克·C.汤普森

首席执行官联盟主席

推荐序二

在风云变幻的商界，作为百位教练经纪公司全球执行教练，以及中国及亚太区代表，我有幸向此地的卓越领袖们郑重推荐一部引领变革的力作——《教练型领导》。本书由教练界的灵魂人物马歇尔·古德史密斯、斯科特·奥斯曼与杰奎琳·莱恩联袂撰写，他们不仅是杰出的领导者，更在执行教练领域贡献了无价的智慧。

在亚洲这片充满活力的土地上，尤其是在中国，教练原则——拥抱改变、接受反馈、采取行动、承担责任——显得尤为关键。此书犹如一盏明灯，为那些志在职业生涯和个人成长领域攀登高峰的领导者提供了一个切实可行的行动蓝图。

身为百位教练经纪公司成员，我亲历了我们的努力如何深刻地塑造着一位位领导者。因此，我坚信《教练型领导》将是你成为顶尖领导者的催化剂。我曾在 APEC 企业咨询委员会任职，也在亚太地区多家企业担任董事会成员，这些经历让我深刻感悟到持续学习和自我提升的重要性，这与我在哈佛商学院习得的适应性及持续发展理念不谋而合。

从硅谷的高级管理职位到亚洲企业的 CEO，我深知教练是通往长期成功的必经之路。书中蕴含的智慧，与我职业生涯的指导原则相映生辉。

在此，我满怀敬意地推荐这部作品，期望各位能细心品读，并将其教诲付诸实践。让我们携手在各自的组织中培育出卓越与创新的丰沃土壤。

衷心祝愿各位前程似锦！

卢有信（Soon Loo）

全球执行教练，百位教练经纪公司

APEC（亚太经合组织）企业咨询委员会前成员

序言

来自斯科特先生的一封信

我并不总是愿意接受教练指导。

2014 年，一个老朋友把我介绍给了马歇尔·古德史密斯，他是一位充满活力的领导者，被公认为世界上最好的高管教练。当时，我对教练一窍不通。更重要的是，我当然认为自己不需要教练。"介绍"只不过是邀请两个有远大梦想的人配成对。我和马歇尔一拍即合，很快就为他的经典著作《自律力：创建持久的行为习惯，成为你想成为的人》（*Triggers*）分享了一些想法。

不久之后，他告诉我，他刚刚参加了艾瑟·伯塞尔（Ayse Birsel）的研讨会，主题名为"设计你所喜爱的人生"（Design the Life You Love），并在离开时产生了强烈的顿悟。马歇尔崇拜的四位英雄——彼得·德鲁克（Peter Drucker）、弗朗西斯·赫塞尔本（Frances Hesselbein）、艾伦·穆拉利和保罗·赫塞（Paul Hersey）——以极其慷慨的教导、智慧和指引，塑造了马歇尔的人生轨迹。马歇尔意识到，要想设计自己最充实的人生，一个关键方面就是要为别人做同样的事情。本着这种精神，他决定把他所有的学识免费教给 15 个人，唯一的期望是他们可以"把爱传递下去"，并为其他人做同样的事情。

他认为我可以在实现这一愿景方面有所帮助，这对我来说将是一次有趣的体验。我同意了，我们决定一起实现这一愿景。

然后，在一场眼花缭乱的活动中，这一切都应运而生。他在领英上发布了一段视频，1.2 万人提交申请，他们都想被马歇尔"提名"。我们意识到了自己所激发的热情，尽职地选择了 25 个人（比我们最初计划的多了 10 个人）参加我们认为是"仅此一次"的活动。大家的兴趣只增不减，所以我们继续举办了这样的活动。到第一年年底，我们已经举办了四次这样的课程，并建立了一个回馈和教导他人的文化型社区——百位教练社区诞生了。

在过去的八年里，这个社区已经发展到 400 多人（"百位"现在代表的是优越的质量而非庞大的数量），是一个由世界上杰出的领导者、领导力思想家和领导力教练组成的多样化群体。于是，我就这么掌管了一个教练组织，身边总是围绕着这个领域里非常优秀的人。而且，令人惊讶的是，我从来没有接受过教练指导。

这时，我已经改变了态度：我不再觉得自己不需要教练了。事实上，我一直在积极寻找一位适合自己的教练。

在最初的日子里，我问过各种各样的教练是否愿意指导我，由于他们的慷慨，无一例外地都同意了我的请求。每个教练都问了一个类似的问题："你想解决的问题是什么？"问题在于，我觉得自己没有想要解决的问题。总的来说，我对自己的生活、人际关系和工作都很满意。我知道我需要成长，但我不知道如何成长。教练们对此感到困惑，不知道怎么指导我。相反，我最终成为他们的教练，这样的事情几乎总是发生。我很自然地发现自己想要为周围的人服务，我和这些教练的关系也不例外。在我第一次尝试接受教练指导时，我根本不清楚如何成为受教方，如何参与其中并获得我所需的照顾和支持。

这不是教练的问题，而是我的问题。我还没准备好接受指导。

随着百位教练社区的扩大，我自然开始收到一些杰出的领导者对合格教练的请求。我和杰奎琳·莱恩是在 2020 年认识的，我们一起开始设计和建立"百位教练实验室"，专注于精心匹配合适的领导者和教练。

这家教练经纪公司和我们精心策划的配对过程很快成为"百位教练"使命中不可或缺的一部分。我们一起建立了一家新公司，在我们的合作过程中，我逐渐成长为一名领导者。这场教练之旅要求我敞开心扉去接受改变。正如任何优秀的合作者应该做的那样，杰奎琳质疑我（或我们）为什么要按某种方式做事，并鼓励我养成新的习惯。当我变得更愿意接受她的意见时，我开始放弃我们必须如何运作的坚定信念。我学会变得无所畏惧。我学会了以开放的心态去采取行动。当我对采取行动持开放态度时，我愿意为这些行动负责。

就在那一刻，我变得容易接受指导了。

我终于理解了通过领导力的转变可以释放出的潜力，以及教练支持这种演变的方式。当然，杰奎琳鼓励我以不同的方式思考的原因是我们正在成长，需求也在增长，而我从马歇尔的经典著作《管理中的魔鬼细节：突破阻碍你更成功的 20+1 个致命习惯》（*What Got You Here Won't Get You There*）中得知，"没有屡试不爽的管理方法"。

所以，我找了一位教练。

俗话说，学生准备好了，老师就出现了，我和我的教练也是如此。当我觉得有必要为自己找一个教练时，我的朋友艾瑟（我曾和她一起做"触发灵感的日常问题"练习）推荐了一个人。在我和教练的第一次谈话中，我们探讨了合作的问题，教练问我想做什么。我说我不知道我想做什么，我也不清楚我还不知道什么。我当时可能没有意识到我和杰奎琳的工作产生了一个微小而深刻的变化，我认识到了自己需要做点什么，这是一个更大转变的开始。教练也意识到了这一点，几乎立刻回答说："太好了，那我们就做一下扩张工作吧。"这就是我需要释放的潜能。我愿意支持扩张的想法。

我的教练就像一面伟大的镜子，帮助我更清楚地看到我自己和别人对我的看法。我们的工作增强了我对自己领导风格的理解，也明确了我作为领导最重要的工作是什么。它帮助我意识到我的生活方式和领导方式，并释放那些阻碍我的东西。这个过程帮助我提升了自己的思维，让我看到了日常活动之外的事情，并展望了我和公司的未来。在接下来的三个月里，公司和我取得了巨大而迅速的进步。

我的第二段教练体验是第一段教练活动的直接结果。

我的第一位教练帮我确定了自己的理想。但这具体是什么样子的，以及它对企业意味着什么，我们仍然不得而知。既然我已经亲身体验了教练活动的变革力量，我还想探索继续教练体验会把我引向何方。

就在那时，我开始寻找我的下一个教练。

我订阅了一个我最喜欢的商业思想家的电邮简报。有一次，她在简报中写了自己的教练工作，并提供了一个注册一次性教练课程的链接。作为给自己的生日礼物，我报名参加了一个教练课程，想借此机会见到她，更好地了解她的工作。她断言，一个人可以通过讲述自己的历史、经历、愿景和希望，在这个世界上活得更充实。这些东西我都想要。对我来说如此，对我的团队和公司也是如此。

我开始做准备工作，在我们来回讨论的过程中，我一直在抗拒。我觉得自己很不舒服，因为她的观点挑战了我现有的世界观。虽然我对这份工作感到焦虑，但我也非常尊重这份工作的价值。所以，我当然去听课了。然后，我顿悟了。我真正地接受了她的意见，心里的一些重要谜团也被解开了。我很高兴，知道还有更多的顿悟在等着我。我采取了行动，聘请她作为我的长期教练。通过我们的共同努力，我们开始明白，影响我的驱动因素和障碍同样也影响着公司。

我接受了她的定期指导，她给我布置了不同的家庭作业，并监督我为自己的行为负责。正是这种长期坚持的教练过程让我的工作得以继续。我因为采取了有意的小行动而变得思路清晰。每一刻都需要一些我不确定自己是否拥有的东西，但我坚持下去了，我发现我做到了。最终的结果是自由释放。不仅因为我已长大成人，还因为我知道我可以收获成长。

她正是我需要的那种教练，让我的成长达到一个新的水平。我的第一位教练帮助我以不同的方式思考，以更广阔的视野看待世界，并憧憬自己想要达到的目标。我的第二位教练帮助我实现了这个愿景，并将其付诸行动，集中精力为我们的业务建立健全的系统。这两次经历都教会了我如何更好地领导团队和支持他人。教练在无数方面改变了我的生活，也让我实现了心灵自由。

一年多来，我一直在写一本关于教练的书。有了新的见解，与杰奎琳和马歇尔的合作，以及我的两位教练的支持，我写这本书的原因变得清晰起来。我深入了解了教练的世界，我有很多当教练的朋友，我有机会接触到世界上杰出的人才。然而，很长一段时间，我不知道如何为这场教练之旅做准备。我不知道如何接受指导，我怀疑很多人也是如此。

这种内在的知识差距是我们写这本书的灵感来源。我和马歇尔、杰奎琳想要写一本书献给那些想要提升自己领导力的人。其中，有一些人"对教练好奇"，他们想知道教练的世界是如何运作的，不管他们是否已经确定教练之旅是否适合他们。也有一些人正在接受教练指导，但正在寻求充分利用教练—客户关系的更多洞见，我们希望本书可以成为他们的参考资源。还有一些人之前接受过教练指导，但可能正在寻求深入理解教练的变革力量与如何独立地继续提升自己，我们希望本书也对他们有价值。

教练是你一生中重要的投资之一。这是对你的成长和未来的投资。是的，这需要时间和资金投入，但它能带来指数级的回报。

最重要的是，你的职业生涯只有那么有限的几年。你越早学会虚心受教，越早找到一位好教练，你就能越早地在工作和个人生活中享受到教练带来的好处。

经验告诉我们，当大多数人表现出对教练的兴趣时，他们真的想在工作上做得更好，通常是希望自己成为一个更好的领导者。他们在接受教练指导之后发现，他们不仅是更好的领导者，而且也是更优秀的人。这种转变对人类的集体体验至关重要。"转变"是我们在本书中经常提到的词。

本书回答了"被教练"意味着什么的问题。它是如何执行的？你如何为它做准备，并确保它随着时间的推移而成功（从头到尾的完整教练过程）？本书旨在通过强调那些正在接受教练指导的人的观点来揭开教练过程的神秘面纱，并照亮个人启蒙的道路。

从根本上讲，本书阐述的是教练—客户关系改变生活的力量，所以，说它诞生于教练与客户的合作关系也就不足为奇了。

我和马歇尔、杰奎琳是来自三个不同时代的人，有着不同的生活和职业经历，最终却都走上了高管教练的道路。40年来，马歇尔一直是高管教练的先驱，他的许多方法和做法在当今行业中得到了广泛的应用。杰奎琳作为千禧一代的一员，职业经验较少，但她努力和一些世界顶尖教练合作，如此确立了她在教练领域的专家地位。事实证明，她对人们的看法和对教练的观点和直觉极大地推动了我们的工作进展以及本书的撰写。我们每个人都有过很多次教练和被教练的经历，我们的方法和偏好各不相同。

我们三个人共同认识到教练的贡献，努力帮助大家在职业生涯和个人生活中接受教练，并从中获得最大的收获。我们目睹了太多高管令人敬畏的转变，以至于无法不相信教练的力量。本书是我们真正的合作和劳动结晶。虽然我们每个人都将自己独特的经历和故事带到这部作品中，但我们努力寻找一种介于我们三人之间的声音。

我和杰奎琳经营着百位教练经纪公司，它现在是全球公认的高管教练的领军机构。在对数百位教练和客户进行匹配之后，我们认识到哪些教练—客户关系模式可以发展，哪些则走向失败。

在解释教练过程的时候，我们选择去实践我们所宣扬的东西。在向外看之前，我们首先审视自己的内心、审视自己的经历，就像一个接受教练的领导者必须做的那样。我们与百位教练社区的同事进行了交谈，本文中提到的 20 多位教练在高管教练方面总共拥有超过 400 年的经验。他们都是优秀的教练，我们很荣幸能拥有他们这样的朋友和合作者。为了避免打破叙事的流畅性，我对他们的名字只是点到而已。我们邀请有兴趣的读者翻到本书的"素材来源"部分，在那里我们列出了这些素材来源，并逐一概述了素材提供者们的成就。

我们提及我们的经验背景，并不是要强迫读者接受我们的信息。本书并不会告诉人们该做什么。当你想找一个教练时，你会期待什么（有那么一瞬间，你想成为冠军的强敌）？作为一个读者，你会使用你想使用的东西，留下你想留下的东西，明白这是你要做出的决定，清楚这是你要踏上的旅程。

在本书中，我们将涵盖三个不同但互相联系的部分，它们相互重叠并彼此强化。第一部分（前三章）的标题是"教练的基础知识"，探讨了教练的世界及其具体细节。我们将在第一部分的前面重新强调和阐述许多问题。如果你对教练过程已经相当熟悉，或者之前有过高管教练体验，可能想要略过这一部分，直接进入第二部分。第二部分（第四~七章）以"教练型领导的介绍"为标题，重点关注你自己（可教练型领导者）以及你如何做好准备从教练过程中获得最大的益处。该部分深入探讨了我们所谓的"开放框架"，强调了可教练型领导者必须接受的四个关键领域，以便真正从教练体验中获得最大收益。

本书的最后一部分也许是最引人入胜的，当然也是最不落俗套的，鼓励你更广泛地思考教练课程能为你做些什么，以及它如何改变你和你所爱的人的生活。这部分的两章详细介绍了教练更崇高的长远目标，以及如何在教练课程结束后长期保持成长势头。正是在这里，我们分享了我们的观点，即教练的结果是什么，以及你可以为自己寻找的潜力在哪里。我们将整合教练指导中的经验教训，并将其扩张到你当前的商业环境之外，实现我们称之为"繁荣"的东西，这是一种包容型商业模式和生活方式。从教练旅程中获得的经验形成了一套我们相信可以传授给他人的技能。最后一章是轻松友好的谈话：三个好朋友（也呼吁读者参与）讨论如何在行动中走向繁荣。

细心的读者可能会怀疑，这可能是一本伪装成商业书籍的自助手册。也许吧。我们希望你们现在就明白，自我提升是一种集体进步，无论是在商业上还是在生活中都是好处多多。成功的高管教练所带来的收益涉及我们生活的方方面面。所有的商业书籍（至少是好书）都充斥着个人奋斗的故事。早上上班，你不会在办公室门口审视自己的人性，同样，晚上回家，你也不该把你的教练教给你的东西留在办公桌抽屉里。

我们希望这本书能够回答有关教练的基本问题。从教练前到教练后，按照时间顺序，在整个教练过程中绕了几个弯？哪些绕道令人发笑，哪些绕道令人困惑？但所有这些弯路都将给大家带来启迪。

像我一样，你可能并不一直愿意接受教练指导。但在这段充满激情的教练之旅结束后，你将准备好开始一段改变人生的合作旅程，这就是教练—客户关系。

诚邀你加入我们的行列。我们迫不及待地想知道这场教练之旅会把你带向何方。

斯科特·奥斯曼

百位教练网联合创始人兼首席执行官

目录

第一部分
教练的基础知识

第一章 教练是什么

可教练型领导者

如果你正在阅读本书，我们想祝贺你。你取得今天的成就肯定是努力工作的结果，这是值得称赞的。如果你拿起这本书，那可能意味着你想要提高、成长、带来更大的影响，并为自己和他人创造更好的生活。谢谢你的到来，你来对地方了。

教练方法是当今领导者使用的强大的工具之一。在过去的几十年里，教练已经从仅仅在体育界中实践的技能发展成几乎每个领域和行业都使用的"元技能"。教练方法有其独特之处，它综合了技能练习、实时反馈、建议、提问、心理学和动机等多种元素，在任何领域都能有效地发展壮大。

关于教练方法有很多研究和文章，但我们惊讶地发现，关于"教练等式"的另一边（"可教练"是什么意思）的研究却很少。按照我们的定义，"可教练"是指一个人必须从教练过程中获得最大成长和发展的备战状态。

我们谈论的不仅仅是正式的教练活动。如果你和一个对你的行为和领导方式很有兴趣的人在一起，你就得接受一些教练指导。例如，你的配偶可能希望你把牙膏瓶盖盖回去；或者，你的同事想让你优先处理某个项目。教练就是要拥抱反馈，让你对自己有更多的认识，获取更多关于别人如何看待你的信息。而且，如果你接受教练指导，这种观点会帮助你成长为最好、最充实的自己。

虽然说教练指导可以采用不同的教练—客户关系模式，但本书将重点讨论在正式教练课程的背景下进行的教练活动，以及从这种教练—客户关系中获益的方法。说得更具体一些，为了配合集体的专业工作，我们专注于在高绩效的领导空间中最大化教练的效力。一场成功的教练活动的回报不仅在个人职业生涯中是切实有效的，而且效果远远超出了办公室的范围。当然，高管教练也会打开你的视野，让你知道如何应对生活中出现的其他类型的教练活动和反馈意见。

我们三个人见证了数百次不同级别、不同行业、不同挑战的教练活动。当我们坐下来真正理解为什么一些人走向繁荣而另一些人无果而终时，我们的脑海中出现了一个关键词"可教练"。一个能够在最短的时间内创造出最令人印象深刻的成果的领导者，就是最"可教练"的。一个毫无准备或不情愿接受教练指导的客户，很可能会遭遇失败，无论他的教练的业绩多么耀眼都无济于事。虚心求教才是成功的基石。

所以，无论你是已经有了一个教练，还是有兴趣聘请一个教练，或者你只是想通过生活中的其他人（通常是在不知不觉中）给你提供指导和宝贵的反馈来学习和成长，这本书都适合你。

最好的起点是了解你现在是什么样的领导者。这将帮助你确定你需要从教练那里得到什么样的支持，并睁大眼睛去开启自己的教练之旅。可教练型领导者有很多种，事实上，有多少企业家就有多少种可教练型领导者。虽然每个人的需求和问题都是独特的，但我们想突出强调一些常见的需求和问题。

备受尊崇的高管

教练是找到成功密码的大师，可以从最令人敬畏的高管身上释放出最大的价值。当卡罗尔·考夫曼（Carol Kauffman）教练与一家机构的高级管理人员合作时，她告诉他们，她在七岁时就学会了所有有关领导力的知识。就在那时，一位朋友分享了一个关于一只 600 磅（1 磅 =0.45 千克）重的大猩猩走进了一家拥挤的酒吧的老笑话。据传，有人问："大猩猩会坐在哪里呢？"答案是："它想坐哪里就坐哪里。"

当卡罗尔讲这个笑话时，领导者们通常会感到困惑和好奇："什么意思？"卡罗尔回答说："嗯，你们就是故事中的大猩猩。"

　　一个娴熟的教练会帮助领导者发现隐藏在其身上的真相（上例中是大猩猩）以及这些真相如何影响他的组织。例如，理查德是一家繁忙的《财富》100强零售公司的首席执行官。在理查德的领导下，公司发展迅速，这使他成为商业界羡慕的对象。从表面上看，一切似乎都很完美。但在表面之下，员工们战战兢兢，害怕这位专横且强硬的领导者，因为理查德没有意识到他对组织产生了适得其反的影响。

　　尽管该公司取得了明显的成功，但不满情绪却在公司内部暗流涌动。员工们害怕与理查德互动，因为他经常不加考虑就否定他们的想法和建议。他粗暴的行为扼杀了大家的创造力，制造了一种恐惧和紧张的工作气氛，大家小心翼翼地绕过问题，避免正面交锋。公司的创新和增长开始停滞不前。

　　理查德担心有什么东西阻碍了公司的发展，于是向一位同行吐露了心事，后者建议他聘请一位教练。后来，理查德找到了一位技术娴熟的教练，他以将"优秀领导者"转变为"伟大领导者"而闻名。

　　这位教练首先对员工进行了匿名采访，以便收集员工对理查德领导风格的反馈。这些信息描绘了理查德以前从未见过的领导形象，揭示了他之前没有注意到的盲点。在教练的指导下，理查德开始了自我发现之旅，认识到自己粗暴行为的不良后果，以及积极倾听、征求意见和促进开放沟通的重要性。

　　这种转变是显著的。随着理查德领导能力的提升，公司文化也在不断发展。员工变得更加敬业和积极，氛围转向了合作和创新，公司业绩直线上升。

理查德的例子让人想到了许多真实的故事，再现了高效率的教练如何帮助"身处金字塔尖"的领导者获得清晰的思路，进而帮助其组织腾飞的历程。

教练们谈论了很多无意识的偏见，或者我们自己看不到的阻碍我们成长的方方面面。莫瑞可公司（Merryck & Co）和巴瑞特价值中心（Barrett Values Centre）的研究人员在 2020 年《战略与商业》（*Strategy+Business*）杂志上撰文描述了一项研究，在过去的 15 年中，他们将 500 名领导者的自我评估与这些领导者的 10000 名下属和同行的反馈意见进行了比较（共三个指标）。结果发现，领导者认为自身需要改善的地方和下属迫切希望领导者改善的地方几乎没有重合。事实上，在 80%的评估中，三个指标完全不同。

我们都遇到过这样的领导者，他们似乎浑然不知自己对他人的影响以及他人对自己的看法。仔细观察会发现，这种情况似乎是可预见的，也许是不可避免的，因为权力的增加往往会导致反馈的减少，这要归咎于真实的或感知到的权力动态。

对于最高层的企业领导者来说，最常见的失败就是看不清眼前的东西，我们可以称之为"领导力悖论"。有些接受采访的教练认为，领导力悖论无处不在。首席执行官们没有认识到自己的影响。如果你就是这样一个领导者，你的领导能力最大的问题很可能来自你现在是一个领导者的事实。"当你是领导者的时候，"艾丽莎·科恩（Alisa Cohn）说，"你没有意识到，当你说话的时候，你就好比是站在桌子上，拿着扩音器，滔滔不绝地说话。"如果你有一个教练，至少你和你的教练一起做的一些工作将涉及重新调整员工对你的印象，使其更人性化，不那么吓人。

领导者的问题就是说话时像是在发号施令。他的沉思是发号施令，他的命令是发号施令。正如马歇尔所说，职位越高，你的建议就越像发号施令。卡洛斯认为他只是甩出一个想法，看看大家能不能贯彻下去。而他的员工认为他是在发号施令。卡洛斯认为他在实行民主制度，每个人都可以发表自己的意见。而他的员工认为这是君主制，卡洛斯就是国王。当你晋升到企业的最高级别时，你作为中层管理人员已经习惯的反馈信息狂流很容易变成涓涓细流，还会面临干涸的危险。沉默、窃窃私语，这些通常是畏惧高管权力的结果。正如我们将要阐述的，优秀的教练有一些方法可以驱散这种畏惧感，让你再次获得有价值的反馈意见。

坚持不懈的探路者

职场上还有一种典型的领导者，即一个组织的中高层，他们被认为是高绩效人士和主要贡献者。他们经常被分配棘手的项目，并承担巨额利润和亏损的责任，但可能缺乏实施变革的正式权力或权威。他们想要做得更多，但有时会因为缺乏给予他们行动自由的宪章、头衔以及发挥作用的权力而受挫。通常，他们的任务是解决看似棘手的问题。他们甚至可能难以说服同事，让同事相信存在的问题。

这些人不会像高管那样受到尊重，但他们必须以某种方式继续完成工作，无论是解救被困在苏伊士运河上的一艘超大型货船，还是在顶楼争议不断的会议室里打造一个宁静的小教堂。他们必须经受住批评的打击，艰难地前进。而教练可以帮助他们做到这一点。

现在以高管凯蒂为例，她已经当了一段时间的董事，也非常清楚自己的困境。她集中精力投身于公司内外的收入运营，首先负责渠道销售，然后是渠道战略，最后是销售运营。她在工作方式方面的专业知识非常深厚，这意味着她经常被叫去"扶持"一些战略性的项目，旁听一些不能给她名分的会议。她没有一个官方头衔来表明她是负责人，但她有效地使事情在各地发生。这就是为什么她最终在一个会议上发现了一些导致公司陷入困境的事情。她看得一清二楚，但并非所有人都看到了这一点。事实上，这就是问题所在。公司的每个部门都看到了问题的一小部分，但她的跨学科的视角让她看得更清楚。

现在凯蒂必须想办法解决这个问题，因为没有人能像她一样清楚地看到这一点，所以，她很难与他人达成一致意见。另外，当没有什么可指责的时候，每一方都想责怪别人。这是每个既定领域之间的差距或空白，也是导致失败的原因。

一开始，凯蒂怀疑自己是否足够坚强，能否接受这项挑战。但她知道，这需要一个解决方案。她知道她需要学习如何推动一种新方法，将战略、运营、人员协调和影响力结合在一起。

业务上的挑战需要她的领导能力，她必须处理错综复杂的问题。她知道，她一个人做不到。这就是教练的用武之地。因为她有一个有思想的伙伴，即她的教练。在公司外部，她有一个人可以求助，那个人可以帮她解决一系列的具体问题。这样，一周又一周，一个月又一个月，一个行动又一个行动，她不会被压垮。她有一位教练明智地帮助她思考下一个正确的事情是什么，如此，凯蒂（和公司）走出了复杂的困境，到达了理想的彼岸。

加速推进的革新者

可教练型领导者的另一个代表类型则大不相同。这样的人是雄心勃勃的梦想家，他们想以闪电般的速度扩张自己的猎场。他们也想解决问题，而且想快速解决问题。他们通常是企业家或创始人。

埃托莎就是这样一个梦想家。她是一家非营利组织的企业家，她的职业生涯开始于医疗保健领域。后来，她从一家慈善机构获得了一笔 700 万美元的赠款，用于成立一家风险基金，解决黑人孕产妇健康问题。在美国，黑人女性死于与怀孕相关原因的可能性是白人女性的3倍，而埃托莎拥有帮助解决这一明显差距的特权。她雄心勃勃、聪明过人，需要迅速行动。这是她的使命，攸关性命。

她从没有管理过一个高速发展的组织。她最初的决定之一是招募一位该领域的资深专家作为联合创始人。遗憾的是，这位联合创始人当时正在处理个人问题，他并没有按照埃托莎和那些将得到组织帮助的人所需要的方式来履行职责。埃托莎必须决定这种情况是否可以解决，或者她是否需要和他解除合作关系。她以前从未面临过这样的决定，也不知道该如何处理这个问题。她知道自己没有足够的时间去指导和劝诱一个在理论上应该和她一样强大和能干的人。然而，他们已经宣布了合作关系。那么，该怎么办呢？

埃托莎转而求助于她的教练，让教练帮助她以一种富有成效的方式做出这个决定。她知道，只要清楚地知道自己已经经过了深思熟虑，并且听取了大家的意见，她就会做出正确的决定。

埃托莎和她的教练写了一张清单，列出了要想让她的合伙人留下来需要做到的事情。这份清单既包括"做什么"，也包括"怎么做"。埃托莎进行了初步评估，这样，她就可以在教练列出所有待办事项之前仔细思考，让清单更加具体和可测。在教练的指导下，埃托莎凭借自己20多年的商业头脑来强化自己的想法。这份具体的清单清楚地表明了联合创始人是否成功，因此，下一步该做什么决定也就不言而喻了。这使她的生活更轻松。问题不再关乎联合创始人，而是如何回答这样一个问题：公司需要什么来完成它的重要使命？这就是埃托莎的教练给她的启示。

我们对可教练型领导者的分类还可以继续下去。如果你在上面给出的类型和例子中认不出自己，不用担心。我们已经介绍了三种类型的领导者（备受尊崇的高管、坚持不懈的探路者和加速推进的革新者），只是为了强调和举例说明寻求教练服务的领导者的多样性。还有很多其他类型，但那需要单独写一本书，这里就不做概述了。无论你的领导水平、风格或逻辑能力如何，教练都会帮助你更好地探索你所处的职业世界。我们希望你们能在接下来的章节中看到自己的身影。

"被教练"是什么意思

人们经常问我们"被教练"意味着什么。我们有个好消息要告诉你：如果你的老板或董事会为你聘请了一位高管教练，这意味着两件事。第一，作为一个领导者，你已经打下了令人印象深刻的基础。第二，你有进一步发展的巨大潜力。聘请教练是公司对人才最可靠的投资。公司传达的信息是：当我们展望未来时，我们看到你和公司在一起。但这也传递了另一个信息：成为一名一流员工和表现最佳者，并不意味着你就成功了。即使你是首席执行官，你也有提升的空间。事实上，如果你是首席执行官，你的决定会影响很多人的生活，因此，以最大效率运作不仅是可取的，而且是势在必行的。

这里的好消息是：成为公司需要的领导者以满足你不断扩大的角色需求，这可能是你职业生涯中最值得努力的事情。这里的关键词是"努力"，你需要付出很多努力。本书采访的所有教练都清楚地说明了这一点。你必须投入艰苦的工作。这不应该是一个无法克服的问题：我们知道你习惯于努力工作，否则你不会有今天的成就。如果你渴望实现这一目标，你可能早就卷起袖子加油干了。

因此，你必须在教练过程中清除阻碍你前进的障碍，无论是心理上的、情感上的还是社交上的，都必须清理出局。教练过程就是对领导力发展的"深层组织按摩"，运用自我探究、同事间的坦诚和持续实践等缓慢而稳定的压力来检查错误，并建立变革行为。无论你在工作中遇到的挑战类似于在公司里绊了一下脚这样小，还是如商业列车失事这样大，都没关系。你应该预料到，在接受教练指导时你会感到不适。这很好。这意味着教练指导正在对你起作用。作为本书作者，我们从经验中了解到这一点。我们发现，如果反馈给我们的仅仅是甜蜜和光明，那么，麻烦就来了。

你应该为拥有一个教练而自豪。这意味着你已经做得很好，达到了现在的水平，并致力于继续发展。著名的投资者兼企业家沃伦·巴菲特（Warren Buffet）说过："一般来说，投资自己是你能做得最好的事情。"你值得这笔投资。

你的教练是你的向导、鞭策者、耳语者、传声筒、思想伙伴、魔鬼代言人、知己和朋友。他们致力于你的成功，与你一起走过漫漫长路的每一步。你与你的教练的关系很可能成为你生活中重要的关系之一。有一些领导者发现这些关系非常有价值，以至于他们以不同的形式将这种关系延续了几十年。

你的教练会挑战你，让你听你不想听的话，做你不想做的事。他们会建议你把重点放在哪里，但他们不会推动自己的议程，也不会试图建立你的议程。普拉卡什·拉曼（Prakash Raman）教练提供了关键的建议，让你专注于"一个你能做出最大积极改变的领域"。你的教练知道你的时间有限，你的责任可能会影响成千上万的人、涉及数百万美元。因此，他们会努力让你的有效时间最大化，优先考虑你认为最重要的事情，并共同创造可衡量的行动，同时富有同情心地倾听你的心声。

当你认真对待并给予适当的关注时，教练就会起作用。我们谈论的是你和你的公司的成功，所以赌注很高。你学到的东西可以在教练过程之外得到实践。这不是商学院。在商学院，你可以在下课后收拾好笔记本电脑，离开讲堂。虽然你每周只花一个小时左右的时间和你的教练在一起，但你要参与艰难的对话，征求坦率的反馈，并锻炼耐心和提升自律强度。投资的回报是显而易见的，你将学会如何成为一个更好的领导者。"教练会和聪明、成功的人携手共进。"艾丽莎·科恩说，"简单容易的事情，他们已经做过了。中等难度的事情，他们已经做过了。难度很大的事情，他们至少已经尝试着去做了。剩下的就是他们不知道怎么做的事情了。"

如果你幸运的话，转变可能会以顿悟的形式出现。一个新的视角会在瞬间出现，或者一种思维模式会在一夜之间转变。当教练帮助你看到一些全新的东西时，你可能会很快甚至轻而易举地找到新的视角。马歇尔观察到，对于那些欣赏这些转变时刻，并认识到除非他们愿意付出努力，否则这些时刻不会持久的领导者来说，教练效果最好。最重要的是，你应该认识到教练的主要责任是始终优先考虑你的兴趣和福祉。

当时，马歇尔正在指导美籍韩裔医学教授金墉（Jim Yong Kim）博士，帮助他成长为达特茅斯学院的校长。马歇尔称他为吉姆博士。吉姆博士有一个宏伟的计划，立志要加强学院在医疗保健方面的地位，培养一个关心全球贫困和不平等之类的问题的学生群体，从而提高学院的影响力和地位。马歇尔支持吉姆博士了解如何影响大学里相互竞争的强大派系，包括董事会、校友、教职员工和学生。尽管每个选区对他的成功（进而对达特茅斯的成功）都至关重要，但每个群体都认为自己最值得优先考虑。虽然说吉姆博士在健康伙伴组织和哈佛医学院的重要领导贡献令人印象深刻，但这份工作无疑教会了吉姆博士妥协的艺术。

一天，吉姆博士接到奥巴马总统的电话，请他考虑担任世界银行集团行长一职。对他来说，这是一个完美的角色，可以让他继续在全球范围内发挥影响力，并以自己独特的能力解决系统性问题。吉姆博士为这个决定苦苦挣扎。履行承诺是他自我形象的核心，当时他与达特茅斯学院密不可分。

马歇尔在指导他的过程中问他，根据他的世界观和价值观，是帮助这所著名的常春藤盟校前进重要，还是解决全球贫困问题重要？马歇尔认为，他在达特茅斯学院做出的杰出贡献在他离开达特茅斯学院后仍将长存。但是，生活在贫困中的人们不能再等了。

马歇尔的话瞬间改变了吉姆博士对这件事的看法。吉姆博士依据这个新视角做出了一个艰难的决定：离开这所他已经爱上的大学，去响应人生使命的召唤。他的确回答了这个问题：2012 年，吉姆博士成为世界银行集团第十二任行长。在他掌舵期间，全球极端贫困率从 2012 年的 13.2% 下降到 2017 年的 9.7%。这是众多案例中的冰山一角，说明一位可教练型领导者完全可以给世界带来鲜明的印象。

"被教练"的奖励之一包含了一个简单的双重结果。"被成功地教练"需要的品质和能力，包括自知之明、谦逊、倾听的能力、对反馈的渴望、对行动的承诺和对责任的意愿等。做一名优秀的被教练者，可以让你为要求更高的新角色做好准备。米歇尔·蒂利斯·莱德曼（Michelle Tillis Lederman）说："如果你把被教练看成是一件苦差事，你就不会从教练过程中得到什么。你应该把你的教练视为一种资源和礼物。"

不是每个人都愿意被教练。如果你是少数不可教练型领导者中的一员，那么，就不要浪费你的教练的专业知识、公司的资金和你自己的时间。但如果你愿意并渴望被教练，那么，你的真知灼见是永无止境的。

是什么让高管教练与众不同

我们喜欢用体育教练来比喻高管教练，因为它有助于说明教练和领导者之间的动态关系，就像体育教练和运动员为了共同的目标而团结在一起一样。从19世纪中期开始，"教练"一词被用来指为运动员个人和团队比赛做准备的人。体育教练提供的能量让体育明星闪耀光芒，如韦恩·格雷茨基（Wayne Gretzky）、科比·布莱恩特（Kobe Bryant）和维纳斯·威廉姆斯（Venus Williams）。某教练在更衣室的演讲已经成为电影和电视节目的主要内容。教练的工作是激励精英中的精英变得更优秀。高管教练也是如此吗？本书作者之一杰奎琳回忆起自己在大学里当校队赛艇手的日子，她对这个比喻做了更精确的解释:"无论运动员多么有天赋,如果他们不愿意接受教练的指导,他们就不会意识到自己的潜力"。

没有指导,青年才俊会被时代远远甩在后面。那些思想封闭者的屁股捂热了许多酒吧的高脚凳,原本可以完成的事情最终并未完成,真是委屈了那些天赋异禀的人。

20世纪初,随着心理学的研究和新技术的兴起,各种形式的教练活动离开了唯一的体育领域,转移到组织中。企业越来越多地将管理视为一门由普遍原则组成的科学,高管们可以根据这些原则接受培训。与此同时,每个领导者都在鼓吹自己的愿景和沟通风格。最初,拥有咨询师或顾问等头衔的高管教练在社会科学和艺术之间徘徊。

大约40年前,教练跨越了体育和企业的藩篱,渗透到更广泛的社会和文化中。其他行业的人也开始聘请私人教练。比尔·克林顿(Bill Clinton)、休·杰克曼(Hugh Jackman)、奥普拉·温弗瑞(Oprah Winfrey)甚至"金属乐队"都承认他们从教练中获益良多。在硅谷,企业家从第一天起就必须扮演领导者的角色,而这里的教练比比皆是。

在这里,我们将重点介绍高管教练的工作。他们是受过心理学培训或商业经验丰富的专业教练,可以运用激励、探索和纪律帮助企业领导者培养自我意识,并朝着以职业为中心的目标取得具体进展。这种关系受到客户需求、老板愿望、教练方法、组织文化和下属顺从程度的影响,具有复杂的细微差别。

聘请教练的基本目的很简单，那就是为了让领导者做好准备以满足自己和雇主的需求。当这些需求发生冲突时，教练总是站在领导者的一边。这是至关重要的。高管教练的主要任务（如果不是唯一任务的话）就是帮领导者走向成功，让领导者拥有成就感。

高管教练会把领导者当作学生和研究对象。当领导者和其教练一起工作时，教练会深入了解领导者的性格、抱负、隐藏的力量和情感诱因。彼得·布雷格曼（Peter Bregman）说，你的教练会洞察"你的渴望、恐惧和挣扎，你想要什么，什么带给你快乐，以及你在哪里卡住了。你必须表现得尽可能诚实。"

教练过程与众不同的另一个关键方面是：大部分教练活动几乎是实时展开的。与心理治疗等其他形式的指导流程不同，它包含了一个非常快速的反馈循环，所以，你几乎可以立即知道某些东西是否有效。行为改变的结果是真实的，你可以在几乎没有延迟的情况下进行评估。虽然你和你的教练可能一周只见一次面，但在合理的时间范围内，你几乎总是可以找到他们。这意味着你可以在遇到棘手情况的前几天或前几个小时与你的教练讨论如何处理问题。

这种即时性的影响可能是强大的。在一场重要会议之前，一位教练和一家金融服务公司的首席执行官杰夫坐在一起。教练让杰夫给自己的冷静、清晰、好奇心和同情心打分，分值从 0 到 10。杰夫在前三项上给自己打了 10 分，但他承认自己的同情心很低。教练让他回忆一下他和儿子一起经历的某个时刻，而在那一刻，他感受到了十分之十的同情。最后，他总结说："我可以做到的。"

在随后的会议上，一位公司高管宣布辞职，全职照顾他即将去世的父亲。

然后，这位高管开始哭了起来。"房间里没人知道该怎么做，"教练回忆道，"杰夫从椅子上站起来，坐在这位高管旁边，用胳膊搂住他并说'我懂你'。后来，杰夫告诉我，如果我没有问他关于同情心的问题，他永远也不会这么做。"

教练活动不仅涉及你自己，还关乎那些和你一起工作的人、关心你的人，以及为你的成功投资的人。你的教练就像养护谷仓的大队长，而你就是那个谷仓。在老板和同事的帮助下，你会解决正确的问题。一旦你在他们的助攻下解决了这些问题，这些改变也就会持续下去。

可持续的长期变革不会孤立地发生。你一个人做不到，我们谁也无法单独做到。我们需要谦卑地认识到这一点。

你何时需要找个教练

让我们先说清楚：当我们与想要尽可能发挥影响力的成功高管合作时，教练过程才是最有效的。为什么？因为高管们通常有兴趣做到最好，并且认识到他们不能单独做到这一点。我们知道，高管教练针对的是组织内那些有远见和执行能力的人，包括最高管理层、总裁、副总裁、董事、部门领导，以及最有前途的高潜力员工。这些人的决定创造了就业机会，推动了经济增长，引入了创新，并有能力做出巨大的贡献；或者，如果他们的弱点不加抑制地持续存在，就会造成巨大的破坏。举个例子，我们中的许多人都曾遇到过这样的领导者，他们因为试图理解每个人的观点而导致决策缓慢，无意中阻碍了组织的发展。这是一种值得称赞的本能，但这类弱点无处不在，对我们所有人来说都是如此，而对那些有权威的人来说尤其有害。

　　某公司技术主管李先生就是这样一个领导者。他坚持每一个重大决策都要经过团队的一致同意，对于一个主要由固执己见的产品工程师组成的组织来说，这是一个困难的要求。在缺乏共识的情况下，他需要越来越多的数据，却没有把握获取足够的信息来做出决定。这种拖延给他的组织造成了严重破坏：每个人都知道他们需要不断前进以实现雄心勃勃的目标，但如果没有领导的支持，他们怎么能行动呢？

　　李先生的教练帮助他认识到不做决定也是一种决定，而且会对公司和团队的士气产生真正的影响。他的教练说他的职业榜样之一杰夫·贝佐斯（Jeff Bezos）将决策分为可逆和不可逆两类。如果决策是可逆的，那就根据有限的数据和直觉快速做出决策。因为这个决策是部分或完全可逆的，所以，如果额外的数据和测试显示它不起作用，那就做出改变。如果决策是不可逆的，那就要考虑得更周到，多花一点时间，但还是要给自己一个最后做出决策的期限。虽然偶尔也会有人持不同意见，但总的来说，李先生的团队很高兴他能打破僵局，并提供明确的方向。李先生和他的教练一起建立了一种文化，在这种文化中，他的团队可以对一个想法持不同意见并进行辩论，但最终所有人都会致力于最终的决定。

高管的成功对直接利益相关者和受其业绩间接影响的更广泛的公众都至关重要。高管的快乐也很重要，对雇佣他们的公司、他们的同事、他们的家人很重要，当然还对他们自己很重要。

领导者可以随时寻求高管教练的帮助。通常情况下，我们发现教练活动与组织或个人的拐点相吻合。董事会可能正在制订继任计划。对教练好奇的高管可能正准备承担新的职责，比如担任某个全球部门的主管，或者领导一个庞大而难以驾驭的团队。公司可能正在经历剧烈的变化，比如，努力解决颠覆性的技术，面对强大的新竞争对手，或者在发生企业并购之后出现意见分歧。

这也可能存在着心理上的原因。领导者感到精疲力竭、不堪重负或不满。"身处公司金字塔尖"的高管们饱受"高处不胜寒"之苦，需要有人帮助他们权衡轻重缓急，重新构思令人烦恼的问题。也许压力正在削弱他们的身体健康，削减他们与人的交往时间。商业心理学家莎伦·梅尔尼克（Sharon Melnick）在她的著作《主控力：全球领导力大师掌握人生的12个新策略》（*In Your Power: React Less, Regain Control, Raise Others*）中提出了一种新的方法，让所有的领导者都不再对他人的局限做出反应，而是培养自己和他人的无限能力。

教练过程赋予领导者力量和韧性，使其能够经受住大多数风暴。斯蒂芬妮是一家营销公司的高管，她注意到公司文化不支持女性。在看到太多女同事离开公司后，斯蒂芬妮聘请了莎伦作为她的教练。斯蒂芬妮已经试着和公司的三个年长的老板讨论过这个问题。莎伦说："他们的回答含糊其词，感觉就像是拍了拍她的头，然后就把她打发走了。"她不知道是走还是留。

在教练的指导下，斯蒂芬妮开始自己塑造公司文化，与董事会建立关系，并争取其他女性高管的支持。她说服所有人将他们在公司的股份减少25%，并将股权分配给收入最高的生产者，这些生产者都是女性。后来，这家公司的业绩打破了纪录。莎伦说："老板们非常欣赏她，让她担任首席执行官。她告诉我，最棒的部分就是公司里的年轻女性走上前去感谢她。"

即使你在职业上、心理上和情感上都处于一个很好的位置，你还是需要找个教练。有了教练的指导，你会开始更广泛地思考你自己、你的职业、你的公司和你的生活。你的教练会促使你追求更大的梦想，并且帮你实现这些梦想。毫无疑问，你会发现自己处在一个更好的位置，也许比你想象的要好得多。

关于教练的误解

现在，你可能在想，我们是不是要引导你去做心理治疗。不！教练和治疗师是不同的，我们稍后会解释为什么。现在，请把教练想象成一种非常强大的方式，可以改变领导者的效率和他们所领导的人的生活。在达到新的职业高度之前，人们通常不会过多考虑聘请教练的问题。因此，一些人对教练的工作原理和作用产生了误解。在这里，我们想要揭穿一些"教练神话"。

聘请教练是令人羞耻的事

40 年前，教练可能被视为一种补救活动或软弱的标志，但这种情况已不再继续。如今，如果你有一位高管教练支持你的成长，那就是一种荣誉。如果说有什么需要注意的话，那就是你必须抵制诱惑，不要在办公室里炫耀你的教练，就像炫耀自己的优势一样。公司通常会为最有影响力和最有前途的领导者聘请顶级高管教练。这并不意味着你的教练不会探索你的弱点并让你承担责任。但是，有一个教练帮助你成长应该是你引以为傲的事情。只是，你要尽量谦虚一点。

聘请教练意味着你有毛病

每个人都有缺点，这没什么丢人的。对领导者来说，过去人们所期望的无所不知的表象，现在看来只是一个可笑的命题。今天的领导者知道，人们期望他们学会做人。当下属看到他们的老板与教练一起加强积极倾听的技能、应用新的设计思维模式或应对他们的挫折时，他们认为这是对他们的尊重和真正关心他们福祉的表现。

最有效的教练能促使你成长。你不只是想消除那些因你的处境而造成的晋升障碍。当你告诉自己"如果我能到达这个位置，那就足够了"时，你想要消除你对自己潜力设置的障碍。你的教练会鼓励你拓展自己的发展潜力。

聘请教练是为了治愈你

聘请教练更像是采用物理疗法，而不是手术疗法。你要定期接受教练指导，就像定期去看物理治疗师一样。在教练课程中，你们一起努力增强力量和扩大活动范围。然后你回家自己做练习，一遍又一遍地做，不管花多长时间都要做下去。物理治疗师无法治愈你，你必须治愈你自己。物理治疗师会告诉你怎么做，并让你对自己负责。教练也是如此。

不过，这并不是一个完美的类比。物理治疗和教练都能治疗疼痛和增强力量，没错。但教练帮助"治疗"的挑战远没有那么明确。比如，你在工作中受挫，你觉得自己有未开发的才能，你想贡献更多，但不知道怎么做。物理治疗师知道你哪根肌腱受伤了，也知道治疗方法。然而，你和你的教练必须探索你的痛点，深入挖掘，从而达到那种思路清晰的程度。

导师可以做教练的工作，而且是免费的

导师是很棒的。他们可以根据自己的经验为你提供建议和指导。我们总是建议在你的人生旅途中找到一两位实用型导师来帮助你。教练在人类行为和领导力方面知识渊博，而实用型导师在他们的领域拥有丰富的经验和知识。更常见的是，导师可以根据他们自己的生活经验为你提供有关职业方向的参考信息，也可以在你铺设自己的道路时为你打开大门。导师可能会提供建议，但最终需要引导和执行这些建议的是被指导者（学生）。学生与导师的关系通常是自愿的，建立在善意和相互尊重的基础上。也就是说，导师的工作通常是没有报酬的，而且在导师职责之外还会承担一些责任，所以，他们不太喜欢学生过于依赖他们的支持。在大多数情况下，导师的工作内容都是意料之中的。

教练的工作内容就不同了。教练专注于特定的目标或技能，从而提高个人在组织中的表现和领导能力。教练过程是一

种来自双方的积极参与，可以帮助客户找到改变观点和建立新的心理模型的方法。许多教练都有专业证书，并接受过教练方法或技术方面的培训，他们会酌情运用这些方法或技术来帮助客户实现目标。经验丰富的高管教练曾经和许多高管一起共事，他们通常会根据自己丰富的教练经验而不是个人生活经验来指导客户成长和发展。是的，高管教练通常是由公司或个人聘请的，这意味着他们的工作就是支持客户。他们在客户需要的时候发挥作用，他们唯一的目标就是帮助客户成功。

找教练就像看心理医生

值得注意的是，高管教练和心理治疗之间可能有一些重叠，因为这两个领域都可以结合对方的元素，让教练（或治疗师）更有效地支持客户（或患者）。两者的主要区别在于背景、重点和目标不同。换句话说，两者的相似之处很少，不同之处却很多。

教练指导主要关注的是领导者如何在企业环境中提高他们的领导绩效、完成职业发展和实现目标。心理治疗的目的更广泛，专注于解决心理健康问题、人际关系挑战或生活转变以提高幸福感。虽然高管教练的好处可以延伸到办公室之外，但主要还是专注且服务于领导者的职业生涯。我们一生中大部分时间都花在工作上，所以，找一位既能理解自己的个人挑战又有深厚的商业背景和敏锐头脑的教练，是很有意义的事。你的教练会经常会见你的团队和其他与你一起工作的人（称为你的利益相关者），而心理治疗师不会这样。教练活动需要让你所在的组织参与其中，而心理治疗通常对组织保密。

教练指导和心理治疗有着相似的蓝图。教练或心理治疗师都承诺绝对保密。作为回报，客户或患者也承诺绝对坦诚。教练指导和心理治疗帮助我们解决了如何实现我们的目标，并为我们生活中的事件赋予意义。但心理治疗更深入挖掘心理动机，可能包括创伤因素，还帮助患者探索他们的感受，理解他们为什么要这么做。教练指导也帮助领导者变得有自知之明，但往往更关心快速、务实、可衡量的变化，甚至具体到领导者在组织中的角色表现。

值得注意的是，包括心理学家、精神病学家、临床社会工作者和咨询师在内的心理治疗师都是持有执照的心理健康专业人员，他们在各种治疗模式方面完成了广泛的教育和培训。教练指导不是心理咨询或心理治疗的替代品，尤其是在你被诊断出存在心理健康问题的情况下，教练不可取代心理治疗师。如果你不确定自己是适合请教练还是适合看心理治疗师，请咨询一下医学专家。

你的教练应该经历过你的处境

这是一个非常普遍的误解，我们理解其中的原因。寻找一个经验尽可能接近我们的教练以确保教练会说我们特定的职业语言是一种非常自然的本能。但是，除非你的主要目标是获得一个商业问题上的思想伙伴，一个可以提供主题领域意见的顾问，或者一个分享业内八卦的闲聊伙伴，否则聘用一个曾经做过你所做的事情的人真的没有任何优势。更不用说，由于社会、技术和经济条件的快速变化，一个人以前的经验很快就会过时。大多数的教练都需要懂得去识别弱点、改变行为和重新设想目标，而这些都没有重叠的、特定的行业先决条件。与此同时，拥有各种商业经验的教练可以让你接触到你可能不熟悉的角色和行业的最佳实践。

所有的教练都是优秀的

我们希望绝大多数教练都有很高的道德标准，并真正以"优秀"为核心。但是，所有的教练都擅长他们的工作吗？这是一个完全不同的问题。

像许多类似的行业一样，教练的经验水平各不相同，从初学者到拥有数十年经验的超级精英教练应有尽有。在每个经验水平上，教练的素质水平都有一定程度的差异：有优秀的教练，也有伟大的教练；有天生的天才，也有拼命工作的凡人；有"老实可靠的人"，也有自带明星效应的人；在这种情况下，我们必须考虑到（是的，我们也会说出来），还有一些差劲的教练。他们通常是干不长久的。

差劲的教练可能一开始会将自己伪装成一个优秀的教练。

但是，只是刚开始的时候。教练指导是一种不达目的誓不罢休的服务。不仅领导者会很快意识到某个教练没有工具或不能提供培训来履行承诺，他们的组织也会看到这一点。在更具破坏性的情况下，一个差劲的教练可能会主动提供有害的建议，或者公开参与初步评估的利益相关者的信息，尽管我们希望这种情况很少发生。

我们必须强调教练的经验和教练质量之间的显著区别。新手教练是否应该为一家《财富》500强公司的首席执行官提供培训？当然不应该！这是否意味着对于刚开始职业生涯的领导者来说，新手教练并不是多好的教练呢？绝对不是！所有教练都有自己的起点。好教练是那些有能力成功并帮助客户成功的教练。

教练与领导者不匹配的搭档模式和教练质量之间也有明显的区别。教练与领导者相匹配是指教练和领导者相互深刻尊重和理解彼此的工作方式。教练和领导者不匹配并不意味着教练很差劲。

教练行业也不能幸免于过度饱和。由于行业过度饱和，我们需要淘汰那些缺乏技能、资格和经验的低质量教练，他们无法真正改变你和你的领导力。

需要注意的是，本书中讨论的教练指导所带来的好处是假设有一个高绩效的教练参与其中。在第二章中，我们将探讨找到高绩效教练的不同途径，并分享一些你可能想与潜在教练讨论的细节。

抛开误解不谈，教练指导是当今个人和职业转型强有力的工具之一。你的教练可以帮助你在事业和生活中取得伟大的成就。彼得·布雷格曼曾说："当我指导人们时，我是在指导他们成为卓越的领导者和杰出的人。"

⧗ **执行摘要**

关于教练和领导力的关键概念

在本章中，我们分享了一些关于教练的基本理论和误解。这些基础知识可以帮助大家明白，请一个教练就是给你一个机会，让你获得无与伦比的成长。

- 确定自己属于哪种类型的可教练型领导者。可教练型领导者的类型有很多。在开始接受教练指导之前，花些时间确定你是哪种类型的可教练型领导者，以及教练可以采用何种方式支持你。

- 看清自己的盲点。可以说，领导者最常见的挑战是他们是否有能力了解自己对组织的影响，以及他人如何看待自己。教练可以帮助你收集有价值的反馈，并确定你需要发展的关键领域。

- 知道领导者需要的品质。"被成功地教练"需要的品质和能力包括自知之明、谦逊、倾听的能力、对反馈的渴望、对行动的承诺和对责任的意愿等。

- 向体育教练寻求一个参考框架。无论是体育运动还是领导力，优秀的员工都知道他们无法独自完成任务，并认识到可教练性是一个关键的竞争优势。与体育教练一样，高管教练会检查你内心深处的优点、动机和弱点以鼓励你取得最佳表现。

- 意识到自己的拐点。教练活动通常与组织或个人的拐点相吻合。对教练感兴趣的领导者可能正准备承担新的职责，或者他所在的公司正在经历变革。个人危机也会触发领导者对教练的需求，比如，领导者感到疲惫、不知所措或不满的时候。

- 突破关于教练的常见误解。有各种各样的"教练神话"是你应该马上扔掉的：聘请教练是令人羞耻的事；聘请教练意味着你有毛病；聘请教练是为了治愈你；找教练就像看心理医生；导师可以做教练的工作，而且是免费的；你的教练应该经历过你的处境；所有的教练都是优秀的。

- 了解高管教练的角色定位以及他们能为你做的事。教练必须了解心理学和商业。他们与人打交道，重点是交付业务和个人成果。教练可能会让你的团队或其他关键利益相关者参与到这个过程中来。教练应该优先考虑你的兴趣和幸福感。你与教练的关系可能会成为你生活中最重要的一部分。

聘请高管教练是对你作为领导者的一项未来投资。你的教练会帮助你消除阻碍你实现潜能的障碍。

第二章 开启教练旅程之前

给自己选个教练

我们明白，找教练（找对教练）的过程可能令人生畏，但不要停下脚步，这里的景色值得你攀登。有很多公司和资源可以帮助你一路前行。

这里有三种常见的找教练的方法。第一种是自己去搜索并寻找教练，第二种是从值得信赖的同事或同行那里获得推荐，第三种是与信誉良好的经纪公司合作。有的方法既快速又简单，有的方法则需要时间，但可以产生更有意义的合作。找教练并没有一种标准方法，重要的是，你要找到适合自己的教练，让他帮助你和你的组织前进。

如果你在互联网搜索引擎中输入"高管教练"一词，那就准备好迎接铺天盖地的词条吧。即使你已经剔除了豪华巴士服务之类的广告，教练服务的广告仍然有成千上万条。与大多数互联网搜索的结果一样，许多词条都是垃圾信息。当然，有些不是，你可以通过互联网搜索的方式找到一位有价值且有改造能力的教练，但这需要一些时间和努力。

在互联网上搜索教练的时候，不必一定要求对方持有教练资格证书。约翰·里德（John Reed）在《瞄准卓越：绕开其他，在了不起的高管教练中取胜》（*Pinpointing Excellence: Succeed with Great Executive Coaching and Steer Clear of the Rest*）一书中指出，全世界有 600 ~ 1000 个项目提供某种形式的教练认证，其中许多项目就像那些寻求官方认证的个人一样不靠谱。他说："你肯定不想和一个微不足道的浪子或骗子一起冒险。许多客户错误地聘请了那些由资历较浅的培训项目认证的教练，这一情况令人震惊。"

还有一些人则是从他们的同事和同行那里寻找教练。"我认识一个人"的招聘方式可以筛选出高质量的候选人，尤其是推荐信来自与你水平相似的领导者。然而，请你记住你自己的特质，正如我们之前提到的，适合一个人的教练可能不适合另一个人，不管他们的总体成功和经验如何，你都得区别对待。

无论哪种情况，你都必须对你面试的教练的背景、所受训练的情况、经验和使用的方法进行调查。你应该只考虑那些拥有与高管合作的可证实的成功记录的候选人。无论你是自己找教练还是通过经纪公司找教练，重要的是确保你不仅要考虑教练一生中取得的成就，还要考虑他们是怎样的人。正是这种以关系为先的关注，在确定合适的教练方面起着至关重要的作用。

高管教练可以是学者、临床医生、企业家、前高管或职业教练。教练的方法可能很宽泛，也可能专攻特定领域。例如，一名前广播员可能专门为领导者提供沟通和高管风度方面的指导。但大多数人来自两种背景之一：一是心理学家和社会科学家，他们对人类行为和如何帮助人们改变有着深刻的了解；二是商界的资深人士，主要是前高管，他们对客户所承受的领导力提升的痛苦有着第一手的经验。有些人已经当了几十年的职业教练，还有一些人则是最近才从管理层中脱颖而出。

在教练工作中，商业和行为是密不可分的。因此，最好的教练结合了这两个领域的元素，可以应对各种商业和领导力的挑战。来自商界的优秀教练既精通人类行为又熟知组织行为。拥有心理学背景的人是行为方面的专家，其中许多人通过多年指导领导者的过程和以往的职业生涯对商业了如指掌。

领导者和教练之间的关系是个人和专业的结合。两者之间需要有一个"共谋"。两者都必须感受到一种可以体现轻松沟通、本能理解、尊重和信任的联系。领导者和教练必须在彼此的陪伴下感到舒适。

这并不意味着你们必须有很多共同点。你在寻找最有可能给你结果和从你那里得到结果的人。也许你更喜欢与你性格或职业道路相似的人，因为这样你会领悟到一种自然的融洽感和亲密感。然而，选择与你不同的人做你的教练，可能会开阔你的视野，帮助你接受那些你平常不会做的事情。

所有的教练都会支持你，也会挑战你。但支持和挑战的程度是不同的。有些教练很温柔，很有教养。例如，如果你担心自己会被同事的反馈搞得心力交瘁，你可能需要一个专门衡量坏消息和好消息的人。或者，你可能会和一个类似于军事教官的人一起合作得更好，他会挑战你，并考验你的极限。在这种情况下，你要确保自己已经准备好并愿意接受对方提出的建议。毕竟，你将谈论有关你的生活和领导力的话题，这可能涉及个人隐私。卡罗琳·韦伯（Caroline Webb）曾说："每个认为自己需要教练的人都会说'我想接受挑战。我可以接受严厉的爱'，但是，当挑战发生时，这比许多人想象的要困难。"

例如，以一家大型金融服务公司的苏茜为例。她说她愿意听到全部真相。但到了紧要关头，当她听到自己的团队对她的领导能力感到失望时，她感到非常震惊。她的教练问她感觉如何，而事实是她被打了个措手不及。苏茜一直不知道她的团队对她的领导能力的看法，还在优哉游哉。现在，挑战摆在她面前。她为自己缺乏自知之明而感到尴尬，就像发现午餐沙拉的残渣在整个下午都粘在牙齿上一样。她的教练让她假装尴尬不存在，像往常一样处理事情，而不是采取更成熟（但更困难）的方式去倾听和处理团队成员慷慨提供的反馈，因为这样更尴尬。

不管你需要什么风格的教练，你都得付出一些努力去识别，无论你采取什么方式，都要做到心知肚明。到目前为止，我们已经介绍了两种渠道找到教练与客户合作的模式，尽管这在很大程度上依赖于勤奋和人脉的结合。这就引出了第三种寻找教练的方法：通过声誉良好的经纪公司。

通过经纪公司找教练的时候，你需要预测一下教练与你匹配成功的概率。虽然不能保证（生活中很少有事情是绝对的），但一个有良好记录的经纪公司可以为教练与客户的匹配过程提供一个精心策划的、深思熟虑的方法。说白了就是节省了客户的时间和资源。

每家经纪公司都有不同的方法为潜在的教练和客户进行匹配，但有些经纪公司对工作更投入。下面，我们概述了我们在"百位教练经纪公司"中为教练和领导者进行匹配的精心策划过程。不管你用什么方法找教练，我都希望这家经纪公司能帮助你在选择教练时感到自信十足。

第一：采访领导者

我们首先要采访领导者，这样的访谈包括三步：记下挑战，评估性情，列出目标。这是我们第一次专门了解你作为一个领导者是什么样的人，你为什么需要一个教练，什么是你坚持获取的，以及我们的共同努力将如何改变世界。

第二：评估教练候选人

在最初访谈的基础上，我们会查看我们的高管教练网络，并通过评估潜在教练在应对领导者主要挑战方面的经验、工作经历和相关培训，为领导者推荐最适合的教练。我们会评估并协调时间区间、预期的到岗率等方面的工作。最重要的是，我们优先考虑教练和客户的个性，以及两种个性如何相融的问题。最后，我们希望促成一种强大的、值得信任的合作关系。要想实现这一点，在某种程度上，两者的个性需要契合。

无论你是自己找教练还是求助于经纪公司，我们都建议你确认或要求面试三名可能成为你的教练的候选人。就像买房子一样，你要探索各种选择，开始了解什么适合你、什么不适合你。要想熟悉这个领域，并了解自己的好恶，唯一的途径就是需要进行多次对话。不过，要小心不要有太多的对话。多次对话同步会造成混乱，或者导致"分析瘫痪"。

第三：开启吸引彼此的对话

在最初的访谈和评估之后不久，我们会引导你与我们推荐的人进行我们所谓的"吸引彼此的对话"，通常是通过视频通话。你不需要为这些对话做准备（除非你想）。对话应该自然地进行，技术娴熟的教练会根据需要引导交谈。在这些初步的对话中，你应该了解教练喜欢的工作方式是什么，以及他对你的期望是什么。你向他提出的一些问题，如关于他的动机、对外界想法的开放程度、优点和缺点等，可能类似于你与教练在开始接触时他向你提出的问题。你要抓住机会解释你自己的目标和偏好，你们的初步对话将帮助你进一步阐明这些内容。你要确保面面俱到。不要担心你们的对话会跑题，即使偏离到了与你的工作或教练需求不直接相关的话题上，也没关系。

教练和领导者都是完整的人。如果双方都不是高深莫测的人，彼此都会感觉更舒服。

如果事情真的很顺利，那么，谈话就会如火如荼地进行。你们会喜欢彼此了解。你和教练都应该对一起合作的样子和感觉有一个清晰的概念。其中一些印象会随着教练工作的进展而改变。但是，当你们坐下来开始谈话时，你们不应该觉得彼此很陌生。

"寻找完全不同的背景和人生哲学，"大卫·诺布尔（David Noble）说，"你需要各种数据。不要只跟第一个教练交谈。"我们建议你至少和三个教练交谈，这样你才能更好地了解教练的情况，并有信心做出明智的决定。如果以上方法都失败了，我们建议你相信自己的直觉。只有你自己知道什么对你是最好的。

即使你和经纪公司（如果你找了经纪公司的话）每件事都做得很好，教练和领导者不匹配的合作模式也会偶尔出现。卡罗尔·考夫曼说："如果你觉得自己没有学到任何东西，当你在日历上看到教练的名字时，你会心情低落，那么，这个教练可能不适合你。"如果发生这种情况，不要委屈自己坚持半年的时间。更合适的教练已经在某个地方诞生了，而且不难找到。一旦你找到了合适的教练，哪怕令人惊喜的发现来之不易，哪怕还有工作有待完成，但我们保证，你会享受并感激这个过程。

教练入门指南

让我们来思考一下教练指导的实际体验。感觉如何？嗯，这是一种人际关系，所以，每次的教练课都会反映出两个强势人格的互相作用。教练关系的目标是你的成长和发展，所以，你会想要确保把你的需求放在第一位，并融入对你有用的元素。例如，也许你更喜欢见面次数少但持续时间长。在这种情况下，你会要求教练安排两小时而不是一小时的会谈。你要确保说出自己的意见和需求，不要纠结于你的要求在整个教练世界中的境遇和普遍程度。考虑到这一点，在本节中，我们将探讨教练过程的常见主题和元素，以便你对期望的事情有一个基本框架。

教练聘期

大多数聘用合同的最低期限为六个月。六个月是你和你周围的人开始看到可衡量的结果所需要的时间。如果你和你的教练都认为这种聘用是有价值和有成效的，那么你可以延长聘期。这种情况经常发生。

有些教练将聘期限制在一年左右，还有些教练会和你一起工作七八年的时间。在后一种情况下，你和你的教练通常会在头一两年完成大部分目标。到那时，你将会依赖你的教练，把他视为一个值得信任的参谋，是你非正式顾问团队中不可或缺的成员。在很多情况下，你们最终会成为朋友。

或者，你和你的教练可能会在一次聘期结束时分道扬镳，但在你面临新的挑战时又会再次联手。比如，你又升职了；你有了一份新工作；市场陷入混乱，老板让你来扭转乾坤。很可能，你会在工作间隙为一些问题或维护工作而与教练保持联系。这些服务可能收费，也可能不收费，这取决于你和教练的关系。

或者，在某个时候，你可以聘请另一位教练来处理新的挑战，并向你介绍看待世界的不同方式。这样会对人类的发展产生连锁反应。你使用教练的方式也印证了这一点。

约谈频率

根据经验，你和你的教练每周在预定的时间见面一个小时，或者每隔一周见面 1 ~ 2 小时。你要遵守这样的日程安排。此外，在常规面谈的间隙，教练通常会通过电子邮件、短信或电话提供帮助。因为教练的工作与你正在接受的教练过程是同时进行的，所以，如果在你们没有安排坐在一起交谈时就出现了特别棘手的挑战，你可以电话咨询。或者，你可能想让他们了解一些新出现的情况，或者报告一场胜利或倾诉一次失望，你都可以与教练电话联系。

你对该日程安排表的使用率将反映你对工作的投入程度。你投入的时间和精力将会产生终生的回报。但并不是每个人都愿意接受教练指导。我们采访过的很多教练都说，他们的客户取消了每周的面谈，声称自己很忙，还有其他事情要做。他们作为客户可能不会坚持很长时间，当然也不会从教练指导中获得全部好处。教练要求你在每周面谈之外继续用功。如果你业余时间不做功课，或者不瞄准新行为进行实践，那么，教练就无法帮助你，也不想浪费时间去尝试。某个女教练估计自己会流失 10% 的客户，她说："在我的教练合同中，有一项条款规定，如果你连续两个月没有完成工作，那么，合同就会终止，你的投资也会白白浪费掉。如果你不想接受教练指导，那么，我也不会再纠缠你了。你需要能够和我一起做这项工作，这样的话，在我们的合作关系结束之后，你还能长期维持这份成果。"

会面地点

今天超过 80% 的教练课是通过视频会议进行的。即使在新冠病毒大流行导致我们开始集体远程工作之前，情况也是如此。教练可能想在你的职业环境中亲自观察你，你可能也希望这样。或者，你可以安排教练每隔几个月来一次，与你和你的团队一起工作。记住，如果你优先考虑面对面的交流，那么你只能选择愿意在你所在地区工作或经常出差的教练。大多数教练与领导者都对远程互动感到满意。

教练工资

聘请教练的费用应该与领导者的风险—回报结果成正比，并且可以根据教练的经验水平、工作范围、领导者对组织的影响程度以及组织对世界的影响程度而变化。简而言之，如果风险高，费用也会高，而且教练工资是通过可衡量的结果来赚取的，这是你想要找一个有良好声誉和成功记录的教练的另一个原因。在我们写这篇文章的时候，一些《财富》500强公司可能会每月支付数万美元（甚至更高）为其首席执行官提供精英教练机会，这反映了这些高管通过成为更好的领导者而创造的非凡价值。刚刚起步的教练可能收费较低，这为那些希望从预算有限的教练课中获益的人提供了巨大的价值。较小公司的中层管理人员或老牌企业家可能有足够的精力去磋商一些折中的投资方案。尽管如此，预估的教练工资范围只是投资问题的一部分。如果一个高绩效的教练准备好承担可教练型领导者所要求的责任和风险，那么，他总是会带来价值，而不管桌面上的财务投资是多少。

一家《财富》500强公司委托 MetrixGlobal 公司进行的一项研究支持了这一观点。该研究发现，除了无形的利益，教练的投资回报率为529%。如果把留住员工归因于更好的领导者，这个数字将上升到788%。还有一些研究甚至报告了更高的回报率。

不管你是否同意这些研究，领导力的改善在财务上给组织带来了极大的好处。当人们或组织进行传统投资时，他们通常对20%的回报感到兴奋。如果你有一点点机会获得50%或100%的回报，难道不值得吗？高回报的投资往往伴随着高风险。投资教练的一个意想不到的因素就是风险非常低。如果一位领导者真的愿意接受教练指导，而且新上任的教练拥有成功的记录，那么，这种方法就会奏效，至少值得一试。

许多教练按月或按季度收费，而不是按小时收费。这应该会让你在需要时更舒适地接受教练的服务。如果你需要频繁咨询你的教练，那么，你不必担心计价器的运行。

在这个过程中，重要的一步是考虑财务投资，并将其与手头的利害关系进行权衡。记住，你在坦诚、承诺、开放和关爱等品质上的投资也会同样伟大。用沃伦·巴菲特的话来说，最好的投资就是投资你自己。

不做差劲的领导

好吧，我们承认，我们每个人都会时不时地犯浑，在个人生活中或在工作中，有时在生活和工作中都犯浑。事实上，我们犯浑的频率如此普遍，以至于我们需要时常承认并原谅自己。虽然我们承认自己有时很差劲，但我们还是要把重点放在本书的主要目标上，即我们要克服自己的负面倾向，并加以改进。教练可以帮助我们实现目标。

有一种误解认为领导者应该是完美无瑕的，但我们相信，承认我们所有人的人性是很重要的。因为是人，所以领导者都有不完美之处。没有人是完美无缺的，而这些缺点可能会转化为令人不快的行为。也许你很喜欢打断别人。也许你在不知不觉中仍然怀有一些性别偏见，尽管公然的性别歧视和种族主义已经失去了许多追随者，但返祖现象仍然潜伏在那里，可能会使很多人在工作中丧失斗志和积极性。或者，你是一代斗士，对年轻同事的贡献不屑一顾，认为他们自以为是，他们应该在付出代价之前克制住自己。或者，你会讲一些在某些人看来是敏感的或无礼的笑话。不管是什么缺点，被当成混蛋的可能性从未真正消失，直到你解决了缺点。教练不仅可以帮助你发现缺点（这是必不可少的一步），还可以帮助你以一种与他人产生共鸣的方式全面地纠正缺点。需要澄清的是，我们不是在为破坏性行为找借口。如果领导者不首先承认改进的必要性，真正的成长和积极的改变就无法开始。

也许你知道，当糟糕的业绩让你感到沮丧并考验你控制情绪的能力时，你可能成为一个具有挑战性的老板。或者，你把生活中其他方面的压力带到了工作中。这就是阿曼达的情况，阿曼达是一家投资银行的高级主管，是出了名的"爱尖叫的女人"。她告诉她的教练，她和她的孩子们有矛盾。教练说，当家里情况不好的时候，"她会做出不恰当的举动，她有时意识到了，有时却没有意识到"。阿曼达说她无法控制自己，这违背了她的教练对她的要求。"我的工作是让她负责展示自己最好的一面，"教练说，"她知道她不应该在工作时大喊大叫。"

我们观察到，一些领导者变得不友好是为了弥补他们认为自己存在的缺陷。例如，一个傲慢地对待别人的人很可能缺乏安全感。"傲慢是一种让自己远离因自我认知而造成的情感痛苦的方式，"吉恩·厄尔利（Gene Early）说，"和教练一起努力，可以帮助你找到真正的自己，这样你就可以摆脱对痛苦的否认，从任何不安全感中解脱出来。"这里的积极结果是内心平和、关系深度融洽、沟通得到改善。

有时候，领导者所需要的只是有人提醒他注意别人的人性。一位女教练描述了一位名叫安东尼的客户。安东尼是一家保险巨头的高管，尤其专横。他很早就告诉这个教练，他比同龄人聪明得多。当教练去安东尼的公司拜访时，她发现安东尼不搭理那个站在他的办公室外面的女助理。他告诉教练："她不是个好助理。"教练回应："她就坐在那里。"教练的意思是这个助理就像是一个没有得到充分利用的资源。她建议安东尼和女助理谈谈他的职位，并探讨女助理怎样才能协助他工作。

当这位教练第二次来访时，这位助理已经彻底重组了安东尼的办公室，并在为他做其他项目。教练说："他认为她不如他，他做的事情太复杂了，她无法理解。他只需要和她谈谈，就能扭转一段糟糕的关系。"

每个人都应该追求比不做差劲领导更高尚的东西。教练喜欢和最高管理层一起共事，因为，如果双方都很优秀且擅长自己的工作，那么，他们就有能力带来巨大的积极影响。卡罗尔·考夫曼将她作为高管教练的责任描述为"关心和直面有权势的人，激发他们的善良，让他们成为向善的力量"。

如果你把目标从愚蠢的自我膨胀和纯粹的个人利益中解放出来，你会从教练那里得到更多。萨莉·海格森是著名的女性领导力教练之一，她经常提问女性领导者，不是问她们打算做什么或成为什么样的人，而是问她们打算贡献什么。她说，女性往往更喜欢用"贡献"一词，而非"成就"一词。这对所有领导者来说都是一个很好的问题，因为它将目标设定在服务他人和作为更大组织的一部分的背景下。

当然，还存在一些棘手的案例。因为本性难移，有些人的卑鄙是深入骨髓的。尽管童话故事里的反派角色很少出现在高管层中，但在一些组织中，还是可以找到类似于"贪心船长"胡克或"残忍魔女"库伊拉的败类。他们做了很多煞风景的事，背后的原因多种多样——痛苦的童年、堕落的婚姻，甚至是糟糕的高尔夫球差点。解决这些邪恶的种子是心理治疗师的工作，他们的工作重点是审视患者的个人生活，并指导患者在适当的时候将个人生活与工作生涯交织在一起。另一方面，教练则是其客户（也就是领导者）的工作生涯、事业及职业影响力的专业审查员。碰巧的是，在大多数情况下，领导者对自己的了解也会影响到他们的个人生活。

有时教练必须以其人之道还治其人之身。教练指导是为成年人设计的，不需要粉饰，也不需要颁发参与奖。马歇尔回忆起与一家大型制药公司的首席执行官比尔打交道的经历。比尔的董事会意识到，比尔的问题在于他极其粗暴的行为会让有能力的下属怒气冲冲地匆匆离开。因此，他们请来了最好的教练，以某种方式激发这位原本能干的首席执行官的个人改变。

但比尔一点也不接受。他不需要任何教练，还咒骂董事会。马歇尔温和地提醒比尔，虽然他的工作权力很大，但仍然有其他决策者的权力比他大，也就是董事会成员，他们有权力在一瞬间解雇员工。

彼得·德鲁克传授给了马歇尔很多经验，其中一条经验是："我们来到这个世界上是为了做出积极的改变，而不是为了证明我们有多'聪明'或'正确'。"还有一条重要的经验是："世界上的每一个决定都是由有权力做决定的人做出的，所以，你要和他们和平相处。"第三条经验是："当我们需要影响最终决策者，使其产生积极影响时，那个人就是我们的顾客，而我们只是销售人员。顾客不必购买，但销售人员必须推销。"

比尔意识到董事会和他的主要利益相关者并没有"购买"他想要推销的东西。

"我该怎么办，马歇尔？"比尔问。

马歇尔建议比尔向包括董事会在内的所有利益相关者征求私人反馈，并积极听取意见，表现出谦卑而不是傲慢的态度。

你可以选择一个重要的行为来改变、跟进，然后让自己变得更好！

事实证明，比尔是一个以非常积极的方式改变自己的领导者，值得我们效仿。

慢则顺，顺则快

深呼吸，再深呼吸！为什么？因为如果你是一个有干劲的领导者，你可能会像风一样迅速。这就成了一个问题，无论是在正常的商业生活中，还是在接受教练指导期间，这都不是什么好事。它阻碍了进步，而不是加速了进步。

我们知道，接受高管教练服务的那些人通常都非常聪明，能够很快地解决问题。他们让上级领导赞叹不已，这就是他们获得目前地位的原因。但从令人印象深刻到令人望而生畏，只有一小步。

莫妮卡是一家物流公司迅速崛起的领导者，她并不是有意要抢夺别人表现的机会。但她的大脑运转得太快了，无意中扼杀了其他人的参与度。开会之初，莫妮卡会以难以置信的速度提出一个靠谱的创意，她的同事们立刻觉得这必定是最佳创意。这种不假思索的定论阻碍了其他人的贡献，限制了团队的创新潜力。莫妮卡的教练永远也忘不了那些利益相关者的反馈："我觉得我的意见没有被纳入讨论。""我想要更多的参与度。"教练让莫妮卡克制自己，先不要发言，直到她周围的人都已经各抒己见。教练还时不时地敦促她听从别人的意见。他说："我们想让同事们看到，他们可以突然提出一个想法，而莫妮卡会承认并同意这个想法。"

莫妮卡对同事们的感受感同身受，并且体贴入微。但是，让事情变得复杂的是，许多超级聪明的领导者会将自己的优越和特长投射到其他人身上，马歇尔称之为"为什么他们不能像我一样"谬论！这些领导者不明白，为什么世界上其他地区不能像他们一样以同样高的水平运作？如果你一直是一个超级成功的人，那么，你会觉得你的惊人速度很正常。你可能会忽视那些跟在你身后的人，或者，你没有给他们机会来证明他们可以跟上你的步伐。

卡罗尔·考夫曼称这种现象为"超人综合征"（Superman Syndrome）。她说："你和人握手，握碎了他的手骨头。你的相处方式让对方感到自己被贬低了，他会觉得自己很愚蠢，变得焦虑和不知所措。他听不懂你刚才说的话，但他无权说'我没听懂'。你有没有想过自己很可怕？当你走过大厅时，人们会立马潜回办公室，你知道这是为什么吗？"

慢下来，你就能平息心中的怒火。停下来，听听你的教练怎么说。职场上关于"超速驾驶"的危险案例比比皆是。凯文是一家医疗设备制造商的主管。他的才华和效率使他在公司里的地位越来越高。他的教练是这样描述他的："但他不让任何人跟上他。他遥遥领先，把其他人都抛在了后面。"凯文的语速很快，他发现自己不可能放慢速度，也不明白为什么要放慢速度。显然，他认为，如果其他人都能跟上，情况会更好。他的教练说："他无法掩饰自己对别人的失望。反过来，别人不想和他合作，也不想为他工作。"凯文如此令人生畏，让原本就匮乏的反馈骤减，这是领导者面临的一个主要问题，也是我们在本书开篇中描述可怜的"大猩猩"遭遇尴尬时提到的问题。你的职位越高，人们就越不愿意告诉你真相。

在快速思考和说话的领导者面前，员工可能会发抖，但商界仍然青睐这样的高管。然而，这可能会产生腐蚀效应。斯蒂芬是一家奢侈品公司的首席执行官，他告诉他的女教练，在一次董事会会议后，他感觉有一个巨大的重物卡在了自己的颈部和胸部。他和他的女教练都认为这是疲惫所致。在他们探讨原因时，斯蒂芬解释说，他感到很紧张，因为他需要"专业地"回答问题。在他看来，"专业"就是"快速"的代名词。教练已经注意到了这一点，她说："我还没说完一句话，他就已经有了答案。"她拿着秒表，开始问斯蒂芬一些简单的问题，5秒后才允许他回答。然后，她把5秒延至10秒。

我们继续挖掘了斯蒂芬的"起源故事"。小时候，斯蒂芬是个穷学生，他说话的语速很快，因为他把说话快慢与智力高低联系在了一起。"他训练自己做到快速说话，"教练说，"这让他的内心痛苦不堪。"

即使你没有用你的速度吓到别人，你也可能会让他们感到困惑。因为你就是你，没有人会告诉你这些。让你的教练听听你和员工的谈话，如此，你可以学到很多东西。教练可以换位思考，设身处地地站在组织中某个人的立场上说话："如果我听不清，那么你的同事可能也听不清。"

所以，在你的教练帮你调暗门口光线或点亮屏幕之前，你就应该已经决定把脚从油门上挪开了。你需要减速才能扭转局势。就像美国海豹突击队所说的那样，"慢则顺，顺则快"。放慢速度会让你的员工受益，并加强你的教练课程管理。虽然我们知道你可以快速前进，但我们希望你快速前进的前提是"慢则顺，顺则快"。

⧗ 执行摘要

教练的选拔工作

你的教练课程甚至在你选择教练之前就开始了。在本节中，我们阐明了你对教练过程的期望，并提供建议让你开启成功的教练选拔之旅。

- 做好功课。你找教练时一定要小心。找到教练的三个途径是：盲目搜索、个人推荐或求助于教练经纪公司。不管你用什么方法，我们建议你和不同的教练谈谈，这样你就可以做出明智的决定。良好的契合度会带来很大的改变。

- 弄清楚什么对你很重要。教练指导是一个广阔而多样的世界。教练的方法、专业、风格和形式数不胜数。在与教练会面时，保持开放的心态，倾听他们选择教练方法的原因，但不要害怕表达对你来说最重要的东西。

- 我们都有犯浑的时候。我们都有缺点和有待成长的空间。领导者虽然受到更多的审视，但往往收到的反馈较少，这可能会导致不为人注意的负面看法。教练可以帮助领导者从整体上以一种与他人产生共鸣的方式发现缺陷并加以纠正。

- 了解你的意图。教练关注的是你的成长。但同样重要的是，要记住，领导力需要他人的参与。如果你的目标超越了纯粹的个人利益，专注于你可以为这个世界和你的圈子里的人做出的贡献，你会从教练那里得到更多。你可以成为一股向善的力量。

- 提醒自己记住教练的优先事项。在教练过程中，你的教练会运用激励、心理学、探究和纪律来帮助你培养自我意识，并朝着你的目标前进。教练的任务是让你准备好满足自己和雇主的需求。但他们总是站在你的一边，不管你或你的公司是否为你的教练买单。

- 慢则顺，顺则快。领导者，尤其是成就斐然的领导者，通常工作节奏很快。在领导—教练搭档模式中，速度往往会阻碍进步。雷厉风行的领导者可能会迷惑其他人，或者把别人甩在后面。在教练过程中，领导者将会做出转变。领导者转变就像车辆转弯，必须先让快速行驶的车辆减速，才能调转车头。

如果你选择了适合你的教练，那么，你可能会惊讶地发现你和教练之间的合作与功利无关，多么纯粹的关系！是的，他们得到了报酬。但他们几乎和你一样，会把你的得失看得很重。他们会真诚地关心你。

第三章　教练之旅正式启航

现在就出发

是的，我们前期投入了很多。你如何开始教练之旅？如果你很差劲，你需要变得更好，你真的能做到吗？是的，你能！我们所分享的一切都有可能让你实现目标。但可能并不总是那么容易。我们将分享一些需要你记住的事情，然后告诉你一些技巧，助你找到最强大的教练。首先，让我们记住，教练工作需要人们的努力。事实上，商业交易也需要人们的努力。两者都需要人们做出大大的妥协。所以，你第一次和教练见面的时候，要做好爆猛料的准备。

在那次会面中，你的教练想知道你愿意分享的一切。不要退缩。甚至在第一次面对面接触之前，他可能会要求你回答一些问题，包括你的工作方式、你的沟通方式、你面临的挑战、你钦佩的人以及你最自豪的时刻。有些教练提出的问题很有创意。

比如，米歇尔·蒂利斯·莱德曼会让她的客户们分享一句最喜欢的领导力格言，以及为什么这句话能打动他们。这些问题旨在揭示人的驱动力、价值观和自我意识。

在首次见面会上，你的教练可能会要求你讲述你的人生故事，要求你特别注意那些具有决定性的时刻，比如，当你的生活发生改变时，或当你经历了突然的顿悟或灵光一闪时。许多教练特别关注"起源故事"。正如吉恩·厄尔利所说："它们解释了你令人信服的动机的一个主要来源，贯穿于你的生活的各个阶段。你要认识到这个故事可以把许多人生难题拼凑在一起，让你自己和其他人了解你是谁，你为什么做你所做的事情。"

这些故事很有影响力，很可能会在整个互动过程中不断出现。一名女教练正在帮助阮（Nguyen），阮是一名医院管理人员，他正在为解雇某人的决定而苦恼。女教练问阮是否记得他第一次决定做一个善良的人是什么时候。阮的回答特别让她吃惊：他四岁的时候。他告诉教练，当时他住在一个难民营里。一个小姐姐试图从他那里抢食物，他的母亲告诉他要保护自己。"他妈妈说'你得揍她'，"教练说，"如果你不揍她，我就揍你。'"小男孩拒绝了。他母亲一拳打在他脸上。从这个故事中，教练深入了解了阮在苦难中树立的坚定价值观，这对她后来的教练指导工作产生了启迪作用。

对许多人来说，共享这类故事可能具有挑战性。原因很简单，人们很难表现出脆弱。我们从小就习惯于避免冒险或被拒绝，而分享个人信息恰恰可以做到这一点。对许多人来说，允许自己变得脆弱需要一个明确的承诺。俗话说，感受恐惧，勇往直前。这是非常值得的，因为它经常可以促使你和你的教练释放潜能，让你们全力以赴，一起把工作做到最好。

你的教练也会从你的故事和你对问题的回答甚至你的用词中寻找规律。你谈论自己的方式透露了很多信息。你们分享的是很多还是很少？你如何描述你的影响？你是在谈论战略目标还是运营细节？"我们关注的是你如何在叙事中呈现自己，你能追求更高的目标吗？"大卫·诺布尔说，"你需要在精神上提升自己。你需要看到你所做的事情的更大背景。"

彼得·布雷格曼寻找的是"差距"。例如，你支配时间的方式和你所说的话之间的差异，或者你所处的职位和你的职业目标之间的分歧。他认为机会就在差距之中。彼得说："假设你是一个家族企业集团的首席执行官，你不能自己做决定，你不知道你为什么感到沮丧吗？我来告诉你为什么。这是因为你不能自由地做自己的决定。"

在你与教练的对话中，完全的坦诚是至关重要的。不要夸大你的成功，也不要淡化你的失败。不要声称你有比这更高尚的动机。而且，无论你做什么，都不要试图给你的教练留下深刻印象。他早就看穿你了。他需要在一个没有欺骗和评判的区域工作。一位教练笑着回忆道："第一次见面时，如果有人不止一次地说自己有自知之明，那么，我就知道他没有自知之明。"

你的教练也会询问你的目标和你前进道路上的障碍。萨莉·海格森要求领导者们创造一份不使用流行语的意向声明，阐明他们在这个世界上的更大目标。她说："通常，人们来找教练是因为特定的情况让他们感到痛苦。而一份意向声明可以让他们进入一种反思的情绪，帮助他们把注意力集中在更大的图景上。这有助于他们更有意识地定位自己以实现他们的最终目标。"

彼得·布雷格曼将这一早期挑战定义为"解决正确的问题"。正如他所解释的那样，成为一个敏捷且明智的决策者是一个值得追求的目标，除非这个紧迫的挑战是建立你的团队。彼得说："如果我们在确定前进的方向之前就确定了我们需要做什么，那么，我们是否在做正确的事情，就只能是瞎猜了。"尼洛弗·麦钱特（Nilofer Merchant）教练将其比作定向越野运动的导航技能。她说："为了达到一个新的绩效水平，人们需要明确'那里'在哪里，同样也需要明确'这里'在哪里。只有当我们知道这两个参考点的具体细节时（某个人在某个时刻），我们才能有效地制订出针对特定障碍和地形的行动方案。"

马上，你和你的教练就会确定一两个需要改进的领域。然后，你可能会使用教练指定的格式去创建一个发展计划。它可能包括一些宽泛的目标，分解成离散的行动，进一步提炼成日常清单。我们的目标是从小处开始，在漫长的旅程中迈出第一步。在第一次会面中就全盘接受整个日程安排是没有用的。教练的目标是取得成果，而不是实现抱负。适度保守的开端可以保证最初的成功，在此基础上，你可以与你的教练进行长期的合作。有些人称之为"飞轮效应"，进步的过程就像飞轮转动，一开始需要很大的推力，而且转速缓慢，但你的努力都不会白费，飞轮会转得越来越快。

下面我们举一个这样的例子。假设你的目标是"带着耐心和尊重进行交流"。你的行动可能包括放慢语速，提一个好奇的问题来开始这场对话。你应该每天练习这个新行为，也许可以找一个朋友来提醒你。米歇尔·蒂利斯·莱德曼说："你需要采取非常具体的、可观察的、可衡量的行动。每天工作结束的时候，你想问自己，'是我做的吗？我一直是怎么做到的呢？'"

随着教练指导的进展，教练议程应该掌握在你的手中。许多教练在每次面谈开始时都会问你脑子里最重要的事情是什么，你现在面临什么挑战，或者简单地问一问他们该如何为你服务。一位教练说："我有一位客户每次开会时都会说'除非你的日程上还有其他事情……'，我说'不，是你的议事日程。我们很少能回到我们要做的事情上。这很好。因为她知道在那一刻她该说些什么。'"

另外，不要认为你们开会就是在谈交易。"你不可能在每次教练课程结束后都掌握一项新技能，"贝丝·珀利希（Beth Polish）说，"但你的教练希望你从与她相处的每一个小时中获得一些有价值的东西。"贝丝在每次教练课程结束时都问："你今天得到你需要的东西了吗？"

以利益相关者为中心的教练方法

现在第一个问题来了。在教练活动的早期阶段，我们的教练从一对一转向多对一，在教练指导的过程中还会招募领导者以外的教练对象。这种方法被称为"以利益相关者为中心的教练方法"。马歇尔创立这种教练方法的目的是为高管提供一个全面的、360 度的领导力评估，法国人称之为"un tour d'horizon"（概述）。下面对你能从这个常见的教练方法中得到什么的问题做一个高层次的回顾。

你的教练会要求你确定你关键的利益相关者。这些人可能是你的经理、同人、同事和直接下属。如果你是首席执行官，利益相关者可能会包括董事会成员。也许你的配偶或其他家庭成员也在这个名单上，毕竟，那些公司外部的人在你的行为和工作模式中扮演着重要的角色。选择以不同的方式与你互动的人，可能对你有不同的看法。

利益相关者通常非常愿意直接向教练提供反馈，但他们不会与领导者分享意见，原因有两个：第一，因为领导者没有询问他们。大多数领导者不会花时间认真询问他们的想法和反馈，并提供一个具有心理安全感的环境让他们分享。第二，因为教练起着缓冲作用，完全采用匿名的方式传达反馈意见。教练会将反馈意见整理成各种主题，将引用的原话完全匿名化。即使领导者猜到了谁说了什么，也不应该进行报复，否则，就不能保证以后有人提供反馈了。而诚实的反馈是教练活动成功的核心。

对于招募利益相关者的数量，不同教练的建议大相径庭：少则 5 人，多则 25 人，甚至更多。

我们经常建议领导者们请他们的经理或者董事会（如果这些领导者是首席执行官）审查这份名单，并检查他们是否遗漏了任何关键人物。

你的教练会接见这些利益相关者，并征求关于你的习惯和表现的机密反馈。这里的关键词是"机密"。再一次强调，坦率是我们的目标。教练可能会问以下五个关于他们的教练对象的问题：

- 他擅长什么？
- 他需要做些什么来做得更好？
- 什么样的情况能让他发挥出最好的一面？
- 什么情况会让他表现出最糟糕的一面？

- 有什么建议可以帮助他成为更好的领导者或过上更好的生活？例如，他应该审视一下自己在工作场所对待女性的方式；或者，面对面交谈时，他应该把手机收起来。

个别教练可能会提出不同类型的问题。约翰·里德要求利益相关者为他们所讨论的领导者设计出最完美的一天和最糟糕的一天。詹妮弗·戈德曼－韦茨勒（Jennifer Goldman-Wetzler）想知道每个利益相关者如何影响领导者的领导力，以及他们可以做些什么来支持领导者。这样做是为了鼓励合作，防止与领导者有分歧的人把所有的责任都推到领导者身上，让领导者独自承担改善的责任。通过这个过程，教练收集了有价值的见解，并开启了在领导者的持续成长和成功中争取利益相关者的过程。

你的教练会将所有来自访谈的反馈汇总成一份匿名的、信息聚集的 360 度报告（通常称为 360 度测评报告）。你可能从未见过这样的报告。它也许很简短，也许很切题。无论风格或形式如何，只要你承诺并保持开放和接受的心态，它也许发人深省，也许令人惊讶，但总是有启发性的。你会和你的教练一起，一项一项地去体验。

桑音·香强调自我意识的必要性，这通常需要外部反馈（来自 360 度测评报告）。这种反馈对于理解他人如何看待我们的行为以及我们的意图是否与这些解释一致至关重要。桑音·香指出："我们常常看不清自己，所以我们需要数据来帮助我们看清自己。此外，为了发展，我们需要了解我们的独特优势以及我们可以改进的机会。"

例如，爱丽丝是一家能源公司的副总裁，她做了无数次在线性格评估，并收到了无数份来自她的同行的电子调查和报告。但她从她的教练那里得到的 360 度测评报告确实让她大吃一惊。她说这是她读过的最有价值的报告，就像一本"爱丽丝操作手册"。当然，也有惊喜，但她能从字里行间感受到坦率和诚实。她告诉我们，她把这份报告贴在厨房冰箱上，这样她每天都能看到。

你可以告诉你的教练你是否质疑个别评论，但我们鼓励你真正地倾听和接受反馈。你的利益相关者希望帮助你。除了第一次面谈中确定的"迈出一小步"，你还得从大家提供的建议中选择一些高层次的部分来关注。举两个例子：我想成为一个更好的倾听者；我想控制我的挫败感。

是的，你将与你的教练会面，一起制订一个实现这些目标的计划。仅仅做出改变是不够的，如果你想改变他们对你的看法，你还需要招募你的利益相关者，并让他们与你一起踏上教练之旅。

在某个时候，你将会见你的每一位利益相关者，告诉他们你从 360 度测评报告中学到的东西使你正在努力改进哪些行为或技能。以下是我们认为你应该对每一位利益相关者说的话，不管你是否同意这些反馈："非常感谢你们花时间与我的教练交谈并分享你们的反馈。你们的反馈可以帮助我发展并成为一个更有效的领导者。感谢你们支持我的成长。"就是这样。如果我们能承诺只是说声"谢谢",这将巩固我们的体验,并肯定我们的善意。它还让利益相关者在未来需要的时候更愿意继续对话。

除了感谢,还有一件事需要考虑:如果你的直觉告诉你,你需要为你的行为道歉,因为很明显对方受到了伤害,那就道歉吧。再说一次,这不是胡扯的时候,你得讲一些具体而简洁的话。比如:"对不起,我没有总是倾听你和你周围人的意见。我现在明白了。我正在采取措施解决这个问题。"

这是与不同的利益相关者进行简短的、偶尔的签到会议,也是以利益相关者为中心的教练方法的一部分。这些面谈一般不需要超过 10 分钟。关键是你要去面谈。如果你这样做了,你就会持续收集到有价值的反馈。你会进步,你的利益相关者对你的看法也肯定会变得更好。马歇尔的研究涵盖了 8.6 万多名参与者,发表在《战略与商业》杂志上的《领导力是一项接触类运动》(Leadership is a Contact Sport) 一文证实了这一点。

然后,你将询问利益相关者关于你未来如何改进的想法。"未来"是个极其重要的词。我们希望尽快把对过去的关注抛在脑后。举两个例子:"我怎样才能为你做得更好?""你有什么建议可以帮助我成为一个更专注、更开放的倾听者?"你也许很难提出这些问题,利益相关者也会发现他们很难给出诚实的回答，但如果你以感谢和明确接受反馈的信息作为开场白，他们就会更容易诚实地回答问题。

重要的是，你要注意职场中权力动态的现实，以及它如何直接影响你的反馈。你的直接下属总是有可能对参与360度测评或其他反馈收集过程有所顾虑。特别是如果你的组织并没有树立一种开放沟通和主动反馈的文化。你的直接下属可能不完全信任教练提供的匿名信息，或者倾向于抓住机会亲自讨论如何提高你的领导力。

根据我们的经验，这种担忧很少出现。通常情况下，利益相关者都很高兴为领导者的成长和发展做出贡献。毕竟，直接下属很可能是领导者领导力提升的最大受益者。如果你有一个好教练，他会最大限度地减少利益相关者的顾虑，以此来获得360度测评报告。然而，作为领导者，你有责任敏锐地意识到利益相关者是如何牺牲一定程度的安全（即使风险很低）来参与并提供建设性的反馈。不管你对面坐着的是谁，尤其是直接下属，你必须遵守下面的指示。

当利益相关者谈话时，你要静坐并做笔记，不要插嘴。现在不是评论或反对他们的想法的时候，你也不应该承诺实施他们的想法。相反，你只需说你打算考虑你听到的所有好主意，并尽你所能加以改进。再说一遍，你要说"谢谢"。反馈是一种礼物，你发自内心的感激之情会极大地提高你从中获取所需的潜力。就像所有无价的礼物一样，"谢谢"是最好也是唯一恰当的回应。

我们知道，我们很难克服戒备心理，但我们也听过无数关于放下戒备而得到回报的故事。克拉拉是包装消费品部门的一名中层经理，她以"有点戒备心"而著称，经常对利益相关者的反馈持抵制态度。后来，她开始接受教练指导，并尽职尽责地与每个利益相关者会面，听取他们的反馈和建议。克拉拉在一次与直接下属伊莉斯的会面中收到了她认为不公平或不合理的批评。然而，她回忆起她的教练的建议，简单地回答"谢谢"，并保留任何戒备性的反驳。

克拉拉使出浑身解数克制住自己的想法，让伊莉斯不受干扰地表达她的担忧。伊莉斯庆幸有机会在没有对抗的情况下发表自己的意见，她萌生出一种宽慰和感激之情。随着时间的推移，克拉拉开始看到伊莉斯观点的价值，并在越来越多的话题上寻求她的意见。

这种新发现的开放性不仅大大增强了她俩的职业关系，而且培育了一种超越工作的合作精神。一年后，两个人联手，开始了成功的创业之旅。

当你在看完360度测评报告之后第一次与你的利益相关者会面时，你可以随时向你的教练汇报情况：这个人是这么说的；这就是我学到的东西；这就是我的利益相关者的建议；这就是我要做的事情。你和你的教练将一起设计你的发展计划和行动项目。你们将努力实现这些目标。

两个月后，你将再次与那些利益相关者坐下来谈话，看看他们认为你做得怎么样。又过两个月，你会再发起一次谈话。再过两个月，你又发起一次谈话。继续与你的教练分享你的感想。你将看到哪些工作奏效了，还有什么需要改进的。你会看到你自身的变化，也会看到你的利益相关者对你的看法的改变。

在六个月结束时，教练通常会要求你的利益相关者完成一项调查，其中包括对你的进步进行定性评估。结果可能不会让你兴奋，因为认知的转变通常滞后于行为的改变。但评估结果可以激励你，因为你肯定会看到进步。如果你和你的教练签了一年的合约，你的教练将在合约到期之前进行最后一次调查。很可能，这个结果会好得多。新行为的形成需要一年的时间，别人对你的看法也需要一年的时间才能发生重大转变。最后，你将创建自己的工作体系以确保你继续改进，而不是倒退。记住，你不会一直都有教练在你的耳边悄悄提醒你。

在整个教练过程中，你必须练习谦卑和尊重，这两种品质对优秀的领导力至关重要。你是在告诉你的利益相关者：我知道我还在进步中，你们值得拥有最好的领导。请帮帮我，让我成为最配你们的那个领导。

他们会帮助你的。这个过程可以把对手变成盟友。接受教练指导是谦卑和脆弱的有力展示，我们可以用一个词来形容：领导力。

他人即地狱？ 也许你才是地狱

360 度测评报告可能是一剂难以下咽的苦药。根据我们的经验，对它的反应可以是接受，也可以是震怒。一位客户的太阳穴阵阵跳动，他要求他的教练为他提供一份谁说了什么话的确切清单。这位客户抱怨说，他雇错了人，现在轮到他解雇这些不满的人了。

这是一个极端反击的罕见例子，这对教练过程并不是一个好兆头，更不用说这位领导者未来的成功了。我们更常见的是温和的反击。这不仅仅体现在最初的 360 度测评报告中。在整个教练过程中，批评性的反馈往往被认为是由"他人"的缺陷和不满引起的。

"L'enfer, c'est les autres"（他人即地狱）是哲学家让 – 保罗·萨特（Jean-Paul Sartre）的名言，但他自己也不是完美无缺的天使。我们观察到，在大多数情况下，人际关系是促使你聘请教练服务的核心因素。我们问自己，大多数问题都是由那些与我们的客户共事的人的不良行为引起的，这难道不令人惊讶吗？真的很不可思议。

现在举个例子：一位名叫卢卡斯的航空航天高管经常推卸责任，把任何失败都归咎于他人。尽管首席执行官坚持要请教练，但卢卡斯拒绝了，他找了无数借口。最终，首席执行官忍无可忍，解雇了卢卡斯。这一警钟让卢卡斯心惊胆战。他反思了自己的错误，意识到承担责任的重要性。卢卡斯现在领导着一个成功的组织，他认为那次被解雇的遭遇是他成为一个更负责任的、更有效的领导者的催化剂。

我们都有可以改进的地方，这是人类成长的一部分。但是，在等待他人改变的同时抱怨他人是没有意义的。我们只能控制自己，伟大的领导者要以身作则。所以，如果你想让他人改变，你自己得先改变。

我们建议你进行自我反省。问题出在你身上吗？医生，你能自治吗？我们并不是说你是恶魔，但也许你应该坐下来，闭上眼睛，思考一下。你可能会意识到，每一种情况都有一个共同元素，那就是你。

你的问题总是别人的错吗？"我的老板不尊重我。""我的直接下属不服从命令。""另一位副总裁总是否定我的想法。"在这种情况下，你可能会觉得，除了工作，你不需要改变任何东西。想帮助你改变的教练也只能做到这么多了。你可能会发现那句古老的格言是正确的：既来之则安之。花点时间，不加判断地反思一下，这是否是你生活中的一种模式。如果是的话，那很可能是一个可以和你的教练一起探索的地方。

惠特尼·约翰逊（Whitney Johnson）说："如果你对教练说'这些都是别人做错的事情'，那么你可能会走进一个艰难的开局。这并不一定意味着事情不会改变。但这是一个初步迹象，表明教练对你来说可能是一项挑战。"

为了让教练发挥作用，你必须用一种更人性化的方式来诠释你的人际关系。萨莉·海格森说："你很少会发现自己周围的人都很糟糕。所以，你需要问问自己，我是如何融入这种动态关系中的？"在这些情况下，教练的工作是帮助无效或敌对的关系转变，而不是倾听每周一次的"你绝对想不到他这次做了什么"报告。

试着反省一下。也许你对职场紧张局势的责任比你意识到的要大。比如，你的老板总是低估你的贡献。你和其他人有过类似的经历吗？你确定你理解这个问题或者这个人的动机吗？也许他的行为是出于你没有考虑过的原因。你可能会和曾经为他工作或与他共事的人交谈。同样的事情发生了吗？他是怎么处理的？

或者，你可以慷慨面对敌意，让阴霾烟消云散。将"我怎么能忍受这些人"改成"我该如何为这些人服务"。一点点的情感创造力可能会有大大的帮助。

凯伦是一家消费品集团的副总裁，她从公司总部调到另一个国家的分公司，一开始就不太顺利。在分公司，她的新同事似乎不信任她，还把她拒之门外。她的教练说："我们讨论了她如何变得对新同事有价值。她开始安排总部的高层人员参观分公司，凯伦在总部工作过，认识很多人。这给她的新单位带来了更多的知名度和机会。"这对她的同事来说是好事。反过来，新同事们开始接受她，随着时间的推移，凯伦也融入了她的新团队。

我们看不到自己的脸，只能看到镜子里的映像。同样，我们也看不到自己的行为，我们需要别人的反映。这些反映帮助我们更清楚地看到自己，并理解可以帮助我们和我们周围人茁壮成长的行动。自我意识只有通过他人的反映才能实现。

所以，如果360度测评报告或随后的反馈环节让你陷入戒备状态，并开始指责那些"地狱般可恶的人"，也许你该暂停一下了。这些人是你所依赖的人，也是你要领导的人。别刁难他们。花点时间去处理你所听到的内容，从中提取对你和你的团队有益的知识，剩下的就别管了。

隐藏在表象背后的真相

是时候来个比喻了。我们当中有一位作者认识洛杉矶一对富裕的年轻夫妇。他们的孩子就要出生了，他们决定换个房子。他们在山上找了一所漂亮的房子：宽敞、通风、闪闪发光。这似乎是一个具有真正的"加州风情"的家。

搬迁完成后，他们安顿了下来。没过几天，他们就注意到客厅墙上的油漆开始脱落。啊？在检查时，他们发现油漆是新鲜的，大约是上个月才刷的。更糟糕的是，油漆覆盖在一些看起来很脏的墙纸上，这些旧墙纸还没有被换掉呢。原来是房地产中介耍了个花招。他们没有彻底修理待售的房子，而是简单地涂上一层油漆，把污渍隐藏起来，让一切看起来闪闪发亮，给人焕然一新的感觉。这个问题非同小可。在进一步的检查中，这对夫妇注意到墙纸变黑了，这是发霉的迹象。再往里敲一点，他们看到霉菌已经蔓延到石膏板上了。这个地方正变成一个健康隐患，没有空间供他们居住了，更不用说安放一个新生儿了。于是，一项耗资巨大的翻新工程开始了，他们不得不躲到一家昂贵的酒店里住上几个星期，而承包商则着手拆除并重建。他们好像拉开了《绿野仙踪》的帷幕。

他们的悲惨故事对我们的目的很有启发意义。教练要求客户从内部开始改变。我们之前提到的"深层组织按摩"意味着一个深入到你的公众面孔背后的深刻过程。你真的要改变，而不仅仅是表面上的改变。如果从360度测评报告中得到的目标之一是愤怒管理，那么，当你内心愤怒的时候，强装的微笑对任何人都没有好处。真相最终会大白于天下。你的教练会一遍又一遍地提醒你某个问题，直到你解决这个问题。

有时这种内在的真实性会导致不寻常的结果。即便向变革行为敞开心扉，你也会招致风险。在极端情况下，你的生活可能会遭遇颠覆。有时候，人们意识到他们进了错误的公司，甚至追求了错误的职业。他们不是在爬梯子，而是在走木板。我们的一位教练记得，尤尼是一家科研公司的首席财务官，他很难同价值观与自己不一致的高管同事合作。这种分歧最终演变成了敌意。教练问尤尼为什么还在那家公司工作，他认为尤尼可以直接辞职，这个想法"让尤尼非常震惊"。但不到一年，尤尼就辞职了，后来成为一名啤酒酿造大师，这是他一生的梦想。

事后，公司总裁走近教练，问道："你是在教唆我的员工离开我吗？"

"如果他们不想待在这里，你还希望他们留下来吗？"教练没等对方回答，就接着说："你不用谢我。"

谢天谢地，这种改变生活的顿悟并不常见。当你走到你的"门面"后面，你可能找不到"霉菌"，但如果你找到了，你的教练会帮你一起翻修。有了教练的指导，你将开始真正了解你的内在运作，并在必要时进行修补。如果你吹嘘你对自己的审视有多仔细，你在自检过程中付出了多少努力，我敢保证你的教练终究会知道真相的。最终，你的同事和下属也会清楚地看到这个真相。而我们如何才能从内到外都得到良好而切实的教练指导，就是本书第二部分的主题。

执行摘要

最初的"迈出一小步"

成功的教练之路从小事开始，但可以带来革命性的改变。

这里有一些重要的步骤可以帮助你提高教练成功的概率。

- 持开放态度。领导者要想从教练活动中获益，就必须对教练过程保持坦率和开放的态度，从一开始就准备好自由分享自己的故事。

- 从小事做起。几乎在第一次见面的时候，你和你的教练就会确定一两个可以实现的改进目标。我们的目标是从小处开始的，在漫长的旅程中迈出一小步。

- 收集反馈并采取行动。期望教练从你的利益相关者那里征求关于你的反馈。一些教练会采用称为"以利益相关者为中心的教练方法"，或者采用360度测评报告。你和你的教练将一起审查反馈意见，并选择一些领域进行发展。但仅仅改变一个人的行为是不够的，如果你想改变利益相关者的看法，你还需要让他们参与进来。

- 你来领头。作为人类，我们都有需要改进的地方。与其抱怨或等待他人改变，我们应该专注于自己的行动，并以身作则。寻求他人的反馈有助于自我意识，并为促进个人和集体成长的行为提供洞见。

- 记住说"谢谢"的重要性。不要对利益相关者有戒心。"谢谢你"永远是对反馈意见的最佳回应。这样可以培养心理安全感，甚至可以把对手变成盟友。

- 迈出真正的变革步伐。假装改变主意或改变行为最终会失败。教练过程的发展有赖于诚实、正直和负责的态度。

这些最初的"迈出一小步"将帮助你躲避在教练旅程开始时可能出现的陷阱，如承担太多的任务，从而确保你为未来的成功做好准备。

教练型领导

第二部分
教练型领导的介绍

此时此刻，你已经对教练过程需要什么、谁从中受益，以及如何找到符合需求的好教练有了深刻的理解。你已经开始了一项重要的工作，那就是进行自我反思和反省，深入挖掘自己的领导力模式，明确自己的凌云壮志。也许你已经确定了教练可以支持你成长并帮助你实现目标的一些领域。现在，在掌握了如何建立教练与领导者搭档模式的知识之后，我们进入下一个关键的方面，即如何从教练过程中取得最大的收获。

因此，我们的意思是，你现在必须变得很好，真正接受教练指导，这样才能成功。卷起袖子加油干的景象已蔚然成风。虽然很少有教练采取"焦土战术"，即要求彻底改革，但在很多情况下，他们确实会要求你做出一些重大改变。这取决于你是否准备好直面问题。

桑音·香指出，要想变成可教练型领导者，你必须有自主感，认识到自己的力量。她说："我们不是由过去的失败或成功来定义的。我们每时每刻都可以选择。我们可以选择做出改变，也可以选择停滞不前。"这里没有标准答案，我们可以自由地做出我们想要的选择，只要我们愿意接受这些决定带来的结果。

我们现在谈论如何让人变成可教练型领导者。其实这很简单：睁开你的眼睛，敞开你的心扉。没错，我们说的就是保持开放态度的意思。开放性是领导者接受教练指导过程中不可或缺的一部分。开放是挂帽子的架子，也是支撑画布的画架。而且，我们相信，开放性是让人变成可教练型领导者的基石。

开放性框架让你准备好迎接你的教练过程中最有意义的部分——挑战、胜利，以及介于两者之间的一切。它为你在这项任务中获得成功提供了最好的机会。你的任务是深入探究，保持内心平静，竭尽全力创造奇迹。开放性框架中的四个基本原则要求你对改变、反馈、行动和责任持开放态度。

正如马歇尔所说，这个过程很简单，但并不意味着它很容易。教练型领导的过程，以及接受教练指导的过程，是一个需要你保持坚定、坚韧和灵活的过程，而现实是，做好准备的领导者才会顺利迎接这样的挑战。当领导不是件容易的事，对我们大多数人来说，这不是我们与生俱来的本领。领导力每天都要求你做一些困难的事情：它要求你把自己想成为的那个人放在一边，因为在某个时刻这样做可能更容易，而你必须成为对整个组织有用的那个人。所以，是的，领导力对你的要求很高。但如果你正确地承担这份责任，领导力会带给你无限的回报。

在你开启教练旅程之前，请将开放性框架融入你的记忆。开放性框架中的每一种工具都需要对教练进程和未来做出承诺。我们的经验表明，这四把钥匙可以解锁巨大的成功，并培养出可教练型领导者。不仅如此，它们是优秀领导者的必备特质。让我们开始吧。你的未来正等着你。

第四章　拥抱改变

改变是必需的

作为一个领导者，如果你不愿意改变自己，你怎么能应对变化呢？

在《管理中的魔鬼细节：突破阻碍你更成功的 20+1 个致命习惯》一书中，马歇尔解释了推动个人职业晋升的行为如何在某些时候开始阻碍其发展。行为或行动的转变是必要的。通常，这种转变需要沟通、人道、同情心和优雅的气质。你可以培养额外的美德来促进变革，那些与性情和行为有关的美德通常是最重要的。

马歇尔的书关注的是个人在组织中的崛起。使这种挑战更加复杂的是，这些组织本身也经常经历着快速的变化：也许它们正在快速增长，或者正在变得虚拟，或者它们正受到破坏性创新的攻击，或者正在经历许多其他令人眼花缭乱的转变。马克·C.汤普森说:"你扩张组织的速度不可能快于你扩张自己的速度。"

桑音·香说:"随着变革步伐的加快,商业和领导力的传统套路正变得越来越不适用。领导者必须实时创建新的剧本,这是一个重大的挑战,尤其是在调动团队向新的方向发展时。"

随着世界的变化,领导者也必须改变。改变是以身作则的重要场所。桑音·香继续说道:"领导者们需要明白,这些变化不只是针对其他人。他们也必须准备好改变自己。"无论应对变化意味着要努力承担更大的责任,还是要应对变化无常的商业环境,这都可以说是领导者应具备的最基本的技能。教练是掌握改变能力的最有效、最高效的方法。为此,请原谅我的重复:你需要变成可教练型领导者,并在个人改造项目中全力以赴。

对于改变背后的动机,这句话很重要。领导者不应该仅仅为了升职而开启教练和改变过程。优秀的领导者们会改变自己,因为他们想从生活中得到更多,对自己有更多的期望。在组织中平步青云和在生活中蒸蒸日上有着天壤之别(我们将在后面讨论这两者)。两者在某些方面是重叠的,但教练所促进的改变人生的成就对组织、个人福祉和世界有着更深远和持久的影响。

对于我们中的许多人来说,我们都觉得自己没有活得那么充实,这是很常见的。我们没有发挥出应有的作用。我们没有尽我们所能做出贡献，也没有尽我们所能让周围的人快乐。但在很多情况下，我们并不确切地知道为什么我们做得不够。在这里，教练也有助于描绘我们正在纠结的问题及其答案。

例如，梅雷迪思是一家大型律师事务所的高级合伙人，她为实现自己的职业目标孜孜不倦地工作。尽管她的事业令人印象深刻，但她经常感到不知所措、精疲力竭、没有成就感。她繁忙的日程安排使她几乎没有时间照顾自己或思考个人成长，这开始对她的身心健康造成损害。

在听说了高管教练的改变力量后，梅雷迪思决定试一试。她的教练是一位经验丰富的专业教练，不仅关注她的职业生涯，也关注她的整体幸福感。他们探讨了工作与生活的平衡、自我意识和压力管理等话题。

几个星期过去了，梅雷迪思注意到自己的心态发生了变化。她越来越意识到自己的优先事项和培养幸福感的重要性。她学会了设定界限，委派任务，腾出时间进行自我照顾，为自己的身心充电。

结果，梅雷迪思的工作表现达到了新的高度。她与同事和家人的关系得到了改善，她在个人和职业生活中都找到了新的目标感和满足感。其他人注意到了，并寻求梅雷迪思的指引和辅导，这成为她生活中非常充实的一部分。她不仅继续提升自己的事业，而且还获得了深刻而持久的快乐，这种快乐在她生活的方方面面都产生了共鸣。

没有改变，就没有成长；没有成长，就没有希望。这一观点也呼应了爱尔兰圣贤萧伯纳（George Bernard Shaw）的话："不改变，就不可能进步。那些不能改变自己想法的人，什么也改变不了。"

我们都有根深蒂固的习惯和模式，而且自己很难意识到，更不用说改变了。也许你认为你永远不会变得更好或更快乐，因为你永远不会和现在的你有什么不同。惠特尼·约翰逊表示："成长是我们的默认设置，没有人见过一个18个月大的孩子不想学走路。有时人们会说'就这样。我就这样了'。不，我不相信。人类的成长是无限的。"

改变很困难，但也可能令人兴奋。改变可能很美妙。马克·C.汤普森向领导者们讲述了人们对改变的恐惧。在谈话结束时，他问他们最自豪的时刻是什么。马克说："他们所有人都提过，要做出冒险的改变，然后才能成功。无论我是向别人求婚，还是第一次上大学，还是得到一份重要的工作。改变和风险总是存在的。"

改变是必需的！

假如你对变化过敏

我们之前对"混蛋"的描述可能冒犯了你们中的一些人。

我们现在着重强调：你可能对变化过敏。我们很多人都对变化过敏。拒绝新事物的心理就像山峦一样古老。

潜在的被教练者可能表现得好像抗拒变化的心态已经融入了他的个性。人们可能认为他们的弱点和优点是真实自我的不可改变的一部分。他们已经做到最好了。如果他们凭借这些天生的能力在职业上得到提升，那么，他们就认为这些能力已经足够了。有些人甚至把自己的缺点重新塑造成优点。"当然，我可能要求很高，也很不耐烦，但是，我的报告从来没有错过最后期限。"

虽然变化和成长是人类的自然状态，但抵抗本能背后的源泉会淹没我们进步的道路。这里有三个主要的罪魁祸首：狂妄自大、傲慢和消极。第一个罪魁祸首，也是最大的障碍，来自狂妄自大。换句话说，这是把"万事通综合征"发挥到了极致。你相信自己是完美的，甚至都不会犯错。如果你打算坚持这个思路，恭喜你，你已经具备了成为一个完美的"邪教领袖"的条件。

内森是一家成功的初创企业的首席执行官，他是一位魅力型领导者。在经历了一系列早期的成功之后，他相信自己的愿景是完美无缺的，并越来越相信自己一个人就能带领公司走向繁荣。在他看来，他是现代的摩西，注定要引导他的员工走向成功之路。然而，随着公司的扩张，他的盲目自信扼杀了创新和合作。员工们被内森坚定的信念吓倒，在分享想法或挑战他的决定方面犹豫不决。最终，公司的发展停滞不前，内森被迫面对自我膨胀的后果。

在《麻省理工斯隆管理评论》(*MIT Sloan Management Review*)上发表的一篇文章中，亨利商学院(Henley Business School)领导力教授本·莱克(Ben Laker)解释说，如今的知名首席执行官特别容易狂妄自大，因为社交媒体和贪婪的商业媒体已经把他们变成了"品牌"，在某些情况下还变成了"名人"。由于狂妄自大通常与权力联系在一起，狂妄自大的领导者往往处于造成重大损害的位置。他们相信自己的业绩、相信自己的媒体，他们单方面做出了伤害员工、股东和客户的决定。这些领导者迫切需要教练指导。而狂妄自大的个性使他们不太可能理解或接受教练指导。

简单地说，教练不能帮助那些认为自己完美的人进步。只有想要提高的领导者才能利用好教练活动。如果你太骄傲而不愿承认自己有问题，那么你就不会尝试去克服（在你心中）不存在的问题。因此，你不会好转。要想让教练发挥作用，一定程度的谦逊是必需的。

第二个罪魁祸首是傲慢，傲慢是狂妄自大的邪恶孪生兄弟。狂妄自大包括审视自己完美的辉煌，而傲慢是向外看看那些比你差远了的大多数人，并庆幸他们有那么多的缺陷。

卡拉就是一个完美的例子。她是一家财务成功的咨询公司的管理合伙人，她陶醉于自己的成功。当她调查她的同行时，她看到的只有别人的自卑，她的傲慢助长了她对她认为没有什么成就的人的蔑视。这种轻蔑的态度渗透到她的公司文化中。他们公开嘲笑竞争对手，损害了客户对公司的看法。最终，这种傲慢导致了自满，从而导致了公司的垮台，因为竞争对手战胜了卡拉的公司，并脱颖而出。

显然，面对这样的傲慢者，教练是徒劳的做法，尤其是采用接近于感情用事的策略。傲慢的领导者会立即拒绝这些策略，甚至可能一笑置之。但因果报应可能会最终出现。正如我们在一开始的比喻中所概述的那样，即使是最优秀的天生运动员，如果他们不能接受教练指导，也会被淘汰出局。同样的命运最终等待着傲慢和狂妄自大的人。

接受改变的第三个障碍来自消极心态，这是另一个困扰许多人的思维习惯。领导者可能会说他们想要改变，然后拒绝教练或利益相关者提出的每一个改变的建议。这类似于倡导平衡预算，却对每一项削减支出或增加收入的措施都投反对票。

一位女教练回忆说，一家投资银行的负责人安德鲁拒绝了她提出的每一个建议。她说："无论我把什么放在他面前，他都会告诉我为什么行不通，为什么他不感兴趣。"这位教练得出的结论是，他们需要解决的第一个行为就是安德鲁一开口就本能地说"不"。她劝他注意每次他对别人的消极回应，并写下他本可以说的话。安德鲁好转了。这位教练说："他之所以采取这种新行为，可能只是因为不停地写东西很痛苦。但这种方法奏效了。"

只有少数人站在权威的制高点，但却令人敬畏。他们受人尊敬，或许也令人畏惧。他们已经完成了长达数十年的攀登企业之山的壮举。再过几年就要退休了，为什么要改变呢？我们理解这种情绪。马歇尔所说的"没有屡试不爽的管理方法"已经与他们无缘了。但我们认为，无论你在公司的阶梯上处于什么位置，你的成长潜力永远不会枯竭。在任何年龄，你都可以释放自己的成长潜力，为你的专业角色、社区和更广阔的世界带来好处。

成长型思维和健康型自信

斯坦福大学心理学家卡罗尔·德韦克（Carol Dweck）在她的《终身成长：重新定义成功的思维模式》（*Mindset: The New Psychology of Success*）一书中称，认为自己不变观点的人采用"固定型思维模式"。持有固定型思维的人可能会逃避挑战，不战而退，沉溺于消极思维。他们宁愿证明自己是对的，也不愿学习。这些都不是一个成功领导者的行为。

固定型思维告诉人们，他们无法改变。狂妄自大的人说，他们不必这么做。狂妄自大是对自己能力的一种夸大，通常基于过去的成功。一个领导者告诉他的新教练，他没有什么需要努力的，这是狂妄自大的表现。

卡罗尔在她的书中提出，固定型思维的对立面是"成长型思维"，她将后者定义为"人们相信，他们最基本的能力和素质可以通过奉献和努力工作来开发和培养的思维模式。头脑和天赋只是一个起点"。持有成长型思维的人总是处于不断成长的状态。他们已经准备好学习和扩张。他们倾向于带着其他人一起踏上前进的旅程。当然，他们是教练对象的绝佳人选。

这并不是说接受教练指导的客户应该成为一名吓得不行的助手，他们整天坐在教练脚边，手里拿着笔和纸，准备抄写智慧之言以便日后记忆。相反，培养成长型思维需要对自己有很大的信心。需要明确的是，自大和自信不是一回事。虽然自信也是一种自我信念，但它不是妄想的自我信念。自信的人不会认为自己是绝对正确的。他们接受自己并非无所不知的事实。但是，他们相信，他们会克服自己的缺点，排除障碍，完成工作。自信的人都乐意接受教练指导。

提醒一下，怀疑可以是有益的。但不断地怀疑自己，尤其是把它变成了一种习惯，会让你变得虚弱。如果你正在与"骗子综合征"[⊖]做斗争，我们建议你在感到自我怀疑上升时，不断地选择暂停自我怀疑。根据组织心理学家和畅销书作家亚当·格兰特（Adam Grant）的说法："骗子综合征不是一种疾

⊖ 这种心理状况的特征是对自己的能力或成就持续怀疑，并伴随着担心被揭穿为骗子的恐惧。——译者注

病……它通常意味着你正面临着一个新的挑战，你需要继续学习。不确定的感觉是成长的前兆。"勇敢地选择相信自己，或者至少在接受教练指导的过程中相信自己。你是值得的，你会成功的。

自信的人往往会成功，部分原因是他们的信念具有感染力。根据萨塞克斯大学的研究人员的研究，其他人在大脑中对自信者和缺乏自信者的反应是不同的。自信者的观点具有更大的影响力。当你的观点与自信者一致时，你的满足感会增加。

如果你已经升到领导职位，或者通过自己创业而获得领导职位，那么你几乎肯定是自信的。你可以想象自己站在终点线上。但与狂妄自大的领导者不同，你不相信成功是必然的，也不相信你要走的每一步都是正确的。你知道，在这个职场赛道上，你会跌跌撞撞，或加速过度，或减速过头。如果你在那些时刻提高你的表现，你不仅会赢得比赛，还会以最好的方式赢得比赛。

不是所有的变化都是好的

现在是时候抑制一下我们的热情了。我们不提倡轻率地冲破障碍进行变革，让落后者遭殃。天哪，不，当然不能轻率，尤其不能丢下落后者。教练不信奉绝对判断。你必须仔细检查任何提议的变化，权衡其中可能的好处和坏处。这种改变可能与你的身份相符，也可能不符合你作为领导者的信念。当然，出于对自我意识的兴趣，你会想要考虑在你决定参与还是袖手旁观的背后隐藏着什么（如果有的话）行为上的怪癖。换句话说，我们认识到改变不是一个普遍的解决方案，特别是如果它是为了改变而改变。

我们都太熟悉某些变化的有害影响了。以市中心一栋维多利亚时代的老建筑为例，它在一夜之间被拆除了，真是莫名其妙，取而代之的是一座用劣质建筑材料建造的、缺乏优雅感的蹩脚建筑。的确，并非所有的变化都是好的。加拿大女歌手杰妮·米歇尔（Joni Mitchell）在 1970 年录制的唱片《大黄出租车》（*Big Yellow Taxi*）就机敏地捕捉到了这一细节："他们铲平了乐土，盖了个停车场。"所以，在接受改变之前，谨慎一点也许是个好主意。

但接受深思熟虑且经过审查的改变是必需的。古希腊哲学家赫拉克利特（Heraclitus）认为变化是生命中唯一不变的东西，从此，大多数人都认识到事物永远不会一成不变。例如，谁在 30 年前就有电子邮件地址，更不用说在社交媒体上露面了？你要顺其自然，但要按照你自己的方式去适应环境。商业记者里克·纽曼（Rick Newman）说得好："变化并不总是好事。它可能迫使我们摆脱疲劳的习惯，并将更好的习惯强加给我们，但它也可能是有压力的、代价高昂的，甚至是破坏性的。重要的是我们如何预测和应对变化。变化可以教会我们适应，帮助我们培养韧性，但前提是我们了解自己的成长和学习能力。变化让我们变得更好，是因为我们学会了如何把一个具有挑战性的情况变成我们自己的优势，而不仅仅是因为变化的发生。"

不管你喜不喜欢，变化总是无情地向你袭来。我们认为，是应该回避变化还是挺起身来接受变化带来的冲击，取决于每个领导者。说到底，这就是一个在当下做出最佳判断的问题。

教练将带领你进入未知领域

让我们假设你乐于接受改变。你有一个积极向上的心态和健康的自信。你想和教练一起开发你的能力，并发现你对自己不了解的地方。

在你追求改变之前，你必须了解你要改变什么。要想成为最好的领导者，就需要从现在开始认真思考真实的自己。在你进入未知领域之前，你应该先探索已知的东西。迪恩·迈尔斯（Dean Miles）说："教练会把你从这里带到那里。我们花了很多时间思考我们到达那里后会有多棒，但我们不会花那么多时间纠结于'那里是哪里'。"

对变化持开放态度的最强有力的指标，不仅是愿意变得更有自知之明，而且是真正渴望改变。迪恩描述了让他的教练感到欣慰的态度："我想知道所有该知道的事。我想用显微镜，我想用望远镜。我想看到最小的东西和最远的东西。"

持有这种态度的人是很好的教练对象。一位企业主找到了销售主管德里克，就他容易陷入紧张或争吵局面的情况进行了沟通。他最近被一个客户解雇了，也不知道为什么。德里克希望教练能帮他弄明白。教练说："你可能会说'天哪，他真差劲。他不知道自己做错了什么'。但我喜欢他思想开放的事实。他很好奇。他可以说'问题出在我身上，不在他们身上'。对我来说，他非常成功。"

教练可能会要求你深入挖掘自己行为模式的根源。吉恩·厄尔利描述了一个测试开放思维的过程。他问："你是否愿意并且能够获得参考经验？"一旦领导者确定了关键记忆，教练将与他一起追踪塑造他的人生的决策和行为模式，不论好坏。这些模式可能会对领导者认为可能或可取的东西施加"限制性观点"。

换句话说，答案就在你心里。吉恩说："教练的工作是解锁那些具体的知识，这样你就能获得所有这些信息资源。"你的教练不会预先假定他有能力向你灌输什么东西。一切变化的源泉不在外部，而在内心。

审视真实的自己和曾经的自己是什么样的人，将帮助你确定正确的目标，既现实，又可能带来个人满足感和职业成长。

尽管我们之前提过，只要有可能就必须展望未来，但这种类型的内在探索是教练周期中的一个瞬间，此时此刻，花些时间审视过去可能会有所帮助。

如果你感到沮丧、抑郁，或者因为埋头苦干而精疲力竭，请记住，这可能是因为你没有使用让你变得伟大的能力。"记住这个建议，如果你丢了什么东西，回到你记得最后看到它的地方。"迪恩·迈尔斯说，"同样，回到你最后一次处于最佳状态的时间和地点。"

外部的旅程从内心的旅程开始。一旦你确立了自己现在身处何方，你就会渴望明确自己想要到达的地方，以及你的最终目的地。这种愿望是可以理解的，但却是徒劳的。

没有办法两者通吃，教练是一趟未知之旅。在教练的帮助下，随着你的进步，你会发现新的兴趣领域和潜在的成长空间。你以为你了解的情况和人会显露出让你惊讶的一面。你可能开始质疑那些迄今为止驱使你做出职业决定的假设。

惠特尼·约翰逊将这段旅程描述为对个人的一种颠覆。她说："你要从真实的自己退后一步，以便一跃成为你想要成为的样子。"

当然，你不会一开始拿所有的事情冒险。正如我们之前所解释的，当你开始和教练一起工作时，你会选择一两个问题来解决，如此才能从中受益。"明确的目标让教练之旅更成功。当你在这些方面努力时，其他领域也会随之开放。"萨莉·海格森说。

当你将已知的问题发展为未知的机会时，专注的需求就会增加。如果你要出发前往一个熟悉的目的地，你会打开汽车导航系统，在心里审视一番。但如果你的目的地不明确，你必须把全部注意力集中在前方的道路和周围的风景上。

迪恩·迈尔斯认为，为了充分发挥教练的作用，你必须准备好检查自己的各个方面：心理、身体、精神、情感、智力、专业和家庭。"我们不习惯这样做。我们习惯于隐藏、分裂和防护。你要和你的教练合作，你必须全力以赴。你必须说'让我们保持好奇心。看看我们能找到什么'。"迪恩说。

这样做需要勇气。如果你失去勇气，教练可以帮助你加强决心。托马斯是一家银行的首席执行官，他希望换个工作，他表示他对下一个职业生涯的任何事情都持开放态度。托马斯告诉他的教练，他想要一次冒险。他的教练让他列出一份30人的名单，这些人最好遍布世界各地，他可以与他们联系，并请求与他们聊聊潜在的新方向。

一连好几个月，托马斯都没能写出这份名单。最后，教练让他只想6个名字。"当他把6个人名交给我时，他非常兴奋。我说'这是6个住在伦敦的中年白人银行家。我对你很失望。你的想象力可不止这些。去做点别的事情吧'。"教练说。托马斯非常后悔，于是打了几个电话。他最终成为一个大型艺术组织的掌舵人。"太酷了！"教练说。

出于其他原因，用已知的东西去交易未知的东西可能会让人觉得有风险。你可能不得不牺牲那些你认为能定义你的行为，让自己重新考虑那些你认为已经确定的关系。有时候，你必须抛弃的是一个已经成为你身份核心的角色。记住，每次你腾出一个位置，你就为身后的人创造了机会。然而，如果你热爱你所做的事情，就很难放手。可再生能源公司的首席执行官西奥是他所在行业的思想领袖，他在公共活动上进行演讲、接受电视和媒体采访时获得的关注令他陶醉不已。"当有媒体邀请时，他会说'好的！好的！好的！'"他的教练说，"他喜欢这样做。这是他作为专家身份的一部分。"

教练活动开始时，西奥的教练要求西奥描述他的价值观和领导风格，他说他想让其他人能够崛起。"嗯，当他拿着麦克风当众胡扯时，其他人可没有崛起。"教练说。他的教练引导他培养团队中的其他人来承担一些公开露面的任务。"这就是领导者应该做的，"这位教练说，"老实说，他本可以把精力放在更重要的事情上。"

也许你发现自己被意想不到的一面的想法所吸引。如果一切顺利，接受教练的指导会让你成为一个更好的人。这不仅是事业上的成功，也是生活上的成功。你把你在教练环境中学到的东西扩张到其他领域——你的家庭、你的社区甚至整个地球。也许你没有成为更好的自己。当你到达未知的目的地时，你就会知道。然后，走向下一个目的地吧！

马歇尔的教练时刻：接受改变

一家《财富》500强公司的董事会聘请我去指导该公司的首席执行官卡尔文先生。显然，董事会已经就他们希望卡尔文如何管理公司给了他指导，并要求他注意他们的要求。当我见到卡尔文的时候，他有着身居高位的高管们常有的那种趾高气扬的样子。他坐在曼哈顿一间视野绝佳的大办公室里。他有一个团队在支持他以最高效率运作。不出所料，他的团队听从了他的命令，并同意了他所说的一切。卡尔文欣喜若狂。

在我们第一次面谈时，卡尔文向我表示，他不愿意改变。他告诉我，作为一家《财富》500强公司的首席执行官，他受聘做他认为对公司有利的事情。他表示，他所有的下属都认为他做得非常出色，公司正按照他预测的方式发展，董事会应该让他做好自己的工作，不该插手他的业务。

我说："卡尔文，你说得对。你是一家《财富》500强公司的首席执行官，这家公司在你的领导下不断发展壮大。所有向你汇报工作的人都告诉你，你做得很好，甚至非常出色。我猜你做这份工作的报酬一定很高，而且我能看到你的办公室很漂亮，视野也很好。但你看，卡尔文，董事会雇我来指导你是因为你没有做他们想让你做的工作。你没有考虑他们的要求。他们觉得你目前的行为不符合公司的最佳长期利益。"

卡尔文回答说："马歇尔，你应该告诉董事会，他们应该管好自己的事，我会管好这件事的。"

我认为这是一个理想的教练时刻。"卡尔文，你的工作责任重大，你的权力也大。但你看，董事会的权力更大。虽然董事会成员并不拥有公司，但他们是选举产生的公司所有权的代表。换句话说，不是他们要向你汇报工作，而是你要向他们汇报工作。他们雇我来和你一起完成他们设定的目标，而不是你设定的目标。如果你真要这么轴，我可以将你不愿意改变这事告诉他们。在这种情况下，我可以毫无疑问地告诉你，他们会解雇你，另找其他人来做这份工作。或者，我们可以一起努力，你也可以和他们携手共进，共同决定什么对公司的长期利益最有利。"

当卡尔文突然意识到他并没有像他想象的那样掌控自己的立场时，我可以看到他脸上的血色消失了。在那一刻，卡尔文做出了一个选择，他准备接受改变。从长远来看，这对他很有帮助。卡尔文最终与董事会建立了良好的关系，并成功地担任了 12 年的首席执行官。

卡尔文从来就不是个坏人。他只是曾经被他的工作头衔冲昏了头脑。

⧖ 执行摘要

拥抱变化

没有改变，就没有成长；没有成长，就没有希望。用萧伯纳的话来说："不改变，就不可能进步。那些不能改变自己想法的人，什么也改变不了。"

- 抗拒你的抗拒。对改变的抗拒可能来自狂妄自大、傲慢或消极心态，所有这些都是你需要抗拒的心理倾向。记住，变化和成长是人类的自然状态。请拥抱变化和成长。

- 培养成长型思维。为了适应和接受变化，对于领导者来说，培养成长型思维是很有用的。他们相信自己最基本的能力和素质可以通过奉献和努力工作来发展和培养。头脑和天赋只是一个起点。

- 找到一个怀疑的平衡点。怀疑可以是有益的。但过于频繁地怀疑自己会让人衰弱。你要在两者之间找到平衡，追求健康的自信。

- 有目的地改变。为改变而改变是不可取的。在开始一项新计划之前，你要仔细权衡一项决策的潜在好处和坏处。

- 要知道一切都不会太迟。无论你的职位或年龄如何，成长和改变的能力永远不会枯竭。这种潜力可以在任何阶段释放出来，为你的专业角色、社区和更广阔的世界带来好处。

教练将带领你进入未知领域。准备好迎接惊喜吧！更重要的是，你现在所设想的改变源于你自己的内心。

第五章　接受反馈

领导力简史

鉴于领导力对整个社会的巨大影响，研究人员多年来一直在研究其本质，包括从其演变中吸取重要教训。想象一下，坐上时光机回到 19 世纪。当时的普遍共识是，领导者是天生的，而不是后天培养的，这在很大程度上受到了苏格兰哲学家托马斯·卡莱尔（Thomas Carlyle）的影响。领导者在那个时代被视为超级英雄，他们被赋予了一整套英雄特质，如勇气、魅力、智慧和永不言败的精神。简而言之，他们的基因里就有领导力。

但快进到 20 世纪中期，你会发现领导力学者们已经翻转了剧本。库尔特·卢因（Kurt Lewin）被认为是社会心理学的创始人。他提出领导风格可以分为三种主要类型：专制型、民主型和自由放任型。这种行为方法具有开创性，因为它表明任何人都有可能成为领导者，这取决于他们的行动和行为。人们关注的焦点从领导者的先天特质转移到了他们所做的选择上，换句话说，就是基于他们的行为。这是一个革命性的想法，即领导力是可以习得的。如果能学会，那就能传授。这种转变为领导力培训、高管教育和强调个人成长（包括教练）铺平了道路。

随着时间的推移，领导力的概念开始变得更加民主，也更具包容性。像皇帝一样的老板变得不那么受欢迎，高管们开始合作。有趣的是，随着领导角色的改变，我们对领导的期望也发生了变化。大约 10 年前，约翰·格泽马（John Gerzema）和迈克尔·德安东尼奥（Michael D'Antonio）进行了一项重大调查。他们询问来自 13 个国家的 6.4 万人最看重领导者的哪些品质。首选是包容、谦逊和脆弱。这些特质使领导者更愿意倾听他人的意见，更关心他人的想法和感受。

现在，有些人可能会认为这是在改变规则，但实际上，领导力总是在变化。这就像是你在努力追赶浪潮——你必须对时代、当下的情绪和你的社区或组织的需求做出反应。特别是在当今世界，许多组织都有很大的影响力，对于各个层次的领导者来说，接受反馈是至关重要的。这不仅是管理问题，还是你乐于学习和成长的态度问题。

关于盲点

即使你的拿破仑梦已经破灭，你现在已经准备好接受反馈，你的脑海中也是会浮现出恐怖画面，你害怕你会听到些什么，你害怕补救的难度很大。也许你意识到你并不总是可与其他人清晰地沟通；或者，你想知道你是否惹怒了一些人。所以，你担心，当你打开 360 度测评报告时，这些认知缺陷会蜂拥而上，把你压扁。

在混乱中，你会发现一些你未曾想过的认知缺陷。这些令人不快的意外状况被称为"盲点"。这是教练们经常谈论的话题。如果盲点让你错过了周围环境中重要的事情，你会崩溃的。近年来，许多领导者被迫承认存在与种族和性别有关的无意识偏见的盲点。

以利益相关者为中心的教练方法的反馈部分针对的是你作为领导者的盲点。它出现在你的教练之旅的开始，并指导你做出关于专注于哪些方面的最初决定。

例如，詹姆斯是一家领先的酒店公司的高级领导，他通过多年的努力工作和奉献赢得了现在的职位。他为自己对公司流程的广泛了解和对细节的敏锐观察力感到自豪。詹姆斯相信自己对公司有帮助，他密切关注着团队工作的每一个方面。然而，他不知道的是，他实际上是在事无巨细地管理团队，挫伤了队员们的士气。

最初的反馈为詹姆斯确定了一个关键的盲点，他开始在教练的帮助下解决这个问题。但是，如果你正在接受教练指导，你应该期望在整个教练过程中连续征求反馈意见，并且在你的教练之旅成为记忆时，你应该在教练结束后继续寻求这样的反馈。

纠正你的假设和调整你的行为可能需要时间。但只要识别出盲点并将其视为问题，它就能让你走上改善的道路。教练界有句谚语："意识可以激活能动性。"如果你收到了反馈，并且你的视角发生了转变，让你看到了一条新的前进道路，那就采取行动。做点什么吧！激发自己的改变，你的同事、下属和组织都会感谢你的。

消除一些盲点可以对你的领导表现产生几乎是立竿见影的、可衡量的影响。米娜是一家 IT 公司的领导，她认为她的团队更喜欢她坚忍的职业态度，所以她很少谈论自己的私人生活。她非常关心她的团队，甚至到了保护的程度，她试图保护他们不受负面反馈的影响。令她惊讶的是，该团队希望在这两个领域都保持开放。米娜克服了这个盲点，拥抱了她自然且透明的个性，分享了个人故事和建设性的批评。结果，与她的预期相反，她发现她的团队对她的信任和尊重增加了，而不是减少了。你有必要了解盲点是如何产生的。你甚至可以在你的教练征求第一轮反馈之前就开始寻找盲点。

一些盲点是你基于自己的经验或信念所做的假设，而不是事实，这些假设会导致糟糕的决策。想象一下，你刚刚离开了一个重视坦诚文化的公司——在那里，每个人都可以表达自己的观点。你的新公司更专制。持不同意见的人是不受欢迎的，甚至可能会受到惩罚。你拟了一份备忘录，宣布要做一些重要的改变。当没有人反驳时，你可能会把这种沉默误认为是普遍接受，而不是不愿意说出来。

或者，盲点的起源"或许可以追溯到你的成长方式，"约翰·里德说，"我们家就是这样做事的。当我还是个孩子的时候，我所受的教育是……"例如，如果你的父亲以铁腕手段统治家庭，那么，你可能没有意识到你自己的领导风格也专制得吓人。

也许最常见的盲点是由不安全感造成的。维克托是一家玩具制造商的高管，他非常想被别人喜欢，以至于他下意识地把每一次互动都看作是一次是否及格的测试，如果他没有完美现身，或者如果一个笑话讲得不好，他会感到非常内疚。这最终导致维克托避免社交活动，变得孤僻，尽管他的团队和家庭越来越需要他。你的不安全感让你对承认缺点的前景非常悲观，你会出于自我保护而拒绝承认缺点。约翰说："拥有健康的自我意识的人在面对新事物和学习新东西方面都没有问题，因为这摧毁不了他们。"

无论领导者的事业是什么，如果存在盲点，别人就很难为之工作或与之共事。避免冲突、愤怒、不能坚守承诺、不尊重他人的想法、忽视他人时间的重要性、优柔寡断、无法向他人表述各种目标……领导的失误清单就像一条漫长而曲折的道路。表现出这些特征中任何一个并不会让你变成差劲的人，反而会让你更加真实。建立一种征求、接受并根据建设性反馈采取行动的文化，是消除个人盲点的关键。

正如我们在第三章所讨论的那样，领导者最常见的盲点源于未能将自我放在一边，充分考虑他人有价值的见解、创新和想法。还有一个类似的现象是：一些领导者对自己的工作过于热情，以至于错误地判断了员工的承诺和热情。这种盲点在创始人、首席执行官和企业家中尤其常见。他们喜欢工作到凌晨，不明白为什么一到下班时间，办公室就空无一人。艾丽莎·科恩是一位顶级创业教练，也是《从创业到成长》（*From Start-Up to Grown-Up*）的作者。她说："他们可能没有意识到其他人不像他们那样有上进心，或者不像他们那样关心公司。"

还有一个常见的盲点涉及意图与影响。比如，首席营销官想要强调公司的家庭友好型文化。他公开称赞一位高级经理在休产假前制订了一些计划和日程安排。但他忽视了这位高级经理团队的其他成员，他们在经理不在的三个月里每周工作50个小时，最终挫伤了他们的士气。"领导者希望自己的意图是合理的，他不想为某个决定或行动对员工的实际影响承担责任。"大卫·诺布尔说。

意图与影响的对战模式也引发了一些困扰公司的种族主义和性别歧视事件。关于不懂分寸和问题行为的故事比比皆是，例如，一个白人问一个有色人种来自哪里。

再举一个例子：纳比尔是一位高级医生，因为发表了不恰当的言论而被叫到人力资源部，于是他请来了一位教练。纳比尔医生曾经在医院走廊上遇到一名护士，建议她减肥或穿大一号的手术服，因为她穿的手术服太小了。教练说："他认为他是在帮她的忙，他不明白她为什么心烦意乱。"教练提供了有针对性和建设性的反馈来指导领导者克服类似的盲点，促使领导者从多元化教育项目中获得更全面的培训。即使领导者没有参加这样的项目，教练提供的反馈只要是突出的、坦率的、以行动为导向的，通常也足以刺激领导者围绕手头话题进行具体改变。正如上一章所说，只要领导者能够接受这种变化就好。

有时候，领导者可能对自己的动机视而不见。弗雷德是一家建筑集团的首席执行官，尽管他收到的大量反馈表明他的团队中有一名成员对公司文化有害，但他拒绝采取行动。弗雷德的教练说："这位首席执行官认为那位成员很重要，因为他正在推行某种制度。"但随着时间的推移，教练意识到这名成员的工作受到了保护，因为他扮演了一个不同的、更阴险的角色，即弗雷德的替罪羊。这位教练说："当事情不顺利时，这位首席执行官就拿这个人当借口。弗雷德在情感上并没有意识到自己在这么做。"在更肤浅的层面上，盲点可以是你没有意识到的激怒或侮辱他人的语言或行为模式。有一位教练回忆说："某高管的面部表情和翻白眼以令人不安的透明方式反映了他的情绪。"这位教练表示，每当领导者听到他认为愚蠢的事情或他认为答案是显而易见的问题时，"他就会给出一个表情，可以解读为'这太荒谬了。我为什么要听这个白痴的话？'"这位高管被提名为首席执行官，这个角色将包括在电视上露面，并向华尔街分析师汇报。"他必须明白，工作的一部分就是表演。"他的教练说。

纠正行为从来都不是一件容易的事。但是，如果你不知道你所做或不做的事情正在伤害他人或你自己的表现，那么仅仅是意识到这一点，可能就会推动你在解决问题的道路上更上一层楼。解决这个问题可能会为团队合作以及最终的创新带来不可思议的回报。

苏珊是一位高绩效的时尚高管，但她在急于完成任务时忽视了自己的感受，制造了一片情感荒原。"我直截了当地告诉她这是个大问题，"苏珊的教练说，"她完全惊呆了。她根本不知道。她一意识到这一点，就开始着手改变现状。"

对盲点的反馈可能是突如其来的。我们认为你应该为迎接反馈做好准备。与其将意见和建议视为向你袭来的炮弹，为什么不将其视为一份礼物，如果接受得当，是不是有可能改变你、你的团队和整个组织呢？

如何接受反馈

接受反馈并根据反馈意见采取行动的实践是以利益相关者为中心的教练方法和马歇尔的整体教练哲学的核心。它需要你有自制力去感谢别人的意见，而不是去评判或批评。

仅仅对反馈持开放态度是不够的。你还必须说服那些提供反馈的人，让他们相信你愿意接受批评。这会让他们在你的发展中占有一席之地，并鼓励他们参与到教练过程中和后续的活动中。同时，这也会让反馈源源不断。奖励那些批评你的人是很重要的。当你开始与他们争论时，你就无法再得到反馈了。没有反馈意见，你就不能成长和发展成为你的组织需要的领导者。

接受反馈的方式存在细微差别的。接受反馈的目标是让领导者和利益相关者占据一个自由评论的区域。假装你已经告诉你的利益相关者，你想成为一个更好的倾听者，并寻求帮助。利益相关者给你三条建议。你对第一条建议的反应是："这是个好主意！"你对第二条建议的反应是："这很有趣。"你对第三条建议没有回应。你所做的就是给这三个想法打分：A、C、F。但你应该平等地、不加批判地接受所有的反馈。所以，不要给反馈意见打分。你要铭记在心，并感谢利益相关者的建议。你永远不知道哪条反馈会引起你的共鸣。

不要承诺你会按照每个人的建议去做。你可以向你的利益相关者们承诺会倾听所有的想法，并尽你所能做到最好。你不会让他们失望的。有些人可能认为你什么都不会做，也不会做出改变。有些人甚至认为语音反馈是浪费口舌。你得证明他们是错的。

以利益相关者为中心的教练方法是一种结构化的、可控的征求反馈的方法。但是，还有其他方式。萨莉·海格森使用了一种她称之为"非正式求助"的方法。举个例子，假设你想提高你的表达能力。在你去开会的路上，你拦住一位同事，告诉她你想做什么。萨莉说："你可能会说'我似乎经常讲太多细节或提供太多背景，最终失去了我的听众'，但这样不妥。你可以说'我注意到您的发言往往非常简洁。您可以在这次会议上留意一下我的发言，并赐给我一些宝贵意见吗？'"

萨莉也会使用正式的 360 度测评报告。但是，与向你的下属询问你如何才能成为一个更好的老板相比，非正式求助的风险更低，因为 360 度测评报告会让你承担政治风险，而非正式求助会鼓励互相交流，可以帮助领导者建立和利用有用的关系。

你可以完全跳出专业框架来思考，为接受反馈做好准备。每个人都曾经乐于接受反馈意见，至少在我们的私生活中是这样。吉恩·厄尔利说："想想你在生活中听过谁的意见。考虑一下是什么让你对他的意见持开放态度。很有可能是因为你可以从他的反馈中看到真相，你和给出反馈的人在一起感到安全。无论是在管理层还是管理层之外，这种类型的环境是所有建立教练与客户关系的关键。"

当你的配偶提醒你在孩子面前注意你的语气时，他（她）实际上是在指导你并提供反馈。花点时间思考一下，这些反馈如何适用于工作场所的你。这样的互动发生在生活的每一个转折点，你不会立刻拒绝它们。同样的道理，这也适用于专业教练活动。

考虑一下你在个人生活中接受反馈的次数，这对你的职业生涯可能有好处。在工作中，积极地让你所爱的人参与进来，寻求反馈，也是很有成效的。对大多数人来说，我们在工作中做错的事情在家里也会做错。如果你在工作时不听话，那么你在家里也可能不听话。

如果你在工作中不认可别人，那么你在家里也不会认可别人。简而言之，无论我们去哪里，我们都是我们自己。接受反馈时，你要全盘接受，要毫不掩饰，还要审视你生活中所有可能适用反馈的领域。

教练通常会让领导者选择让家庭成员或朋友参与教练活动的反馈部分。教练针对的是你整个人。因此，融入家人的意见可能会改善你与配偶、兄弟姐妹、孩子和父母的关系。当然，你的家人比任何人都了解你。你和你的教练得到的最可靠的洞见很可能来自与你一起生活的人。

接受反馈的另一个好处是：如果你从工作中的利益相关者和生活中的利益相关者那里听到相同的反馈，那么，你就不太可能把任何批评归咎于办公室政治。也许你会想："我的同事说我是一个糟糕的倾听者，因为他们嫉妒我。"那么，你的配偶嫉妒你吗？你的孩子嫉妒你吗？如果他们说同样的话，我们鼓励你将反馈视为事实。

马歇尔提出了对反馈的重新定义：与其将反馈视为令人不舒服的东西，不如将其视为一款游戏。试着看看在给定的时间范围内你能得到多少反馈。当然，我们的原则也适用于此：不要妄下判断，每次只说"谢谢"。在最坏的情况下，你至少会获得一些好的观点或建议。在最好的情况下，你会发现一些有趣的见解，这些洞见可能是你以前从未得到过的。如果你加入了那些认为这项练习很有趣的人的行列，不要感到惊讶。

马歇尔在做公共演讲时也喜欢做下面的练习。他会让在场的每一个人拿出手机，给他们所爱的人发短信提问："在我们的关系中，我能做些什么才能成为你更好的伴侣？"

有些答案近乎搞笑。"你病了吗？""你喝醉了吗？""你跟谁睡觉了？""这条信息是写给谁的？"不过，这种练习两次挽救了一段婚姻。有一次，一位观众问他的妻子如何才能成为一个更好的丈夫。妻子回答说："我们得谈谈。"这句话可能令人不快。但是，如果你换一个角度来看，这句话有很大的改进空间。

并非所有的反馈都是好的

我们是时候采取保守行动去规避风险了。与变革一样，反馈也可能是有害的，特别是如果它本质上是恶意的，或者接近于未经思考的意见。就像对待变革一样，你必须把麦子和糠分开。有时候，这很难做到；有时候，这就像你脸上的鼻子一样显而易见。

考虑到这一点，我们制作了一份初学者的小抄，列出了一些不怎么好的意见：

1. 你真是咬住骨头不松口。

2. 你太直言不讳了。

3. 你太有野心了。

4. 你不应该问刁难的、让人不舒服的问题。

5. 你生气了。

6. 你太在乎了。

7. 你太挑剔了。

在这里，我们不能不特别谈到女性，她们中的许多人都遭受着令人发指的反馈的抨击。我们已经委婉地谈到了性别歧视的持久影响。几千年的父权制不可能凭空消失，它的后遗症依然与我们同在，即使在公元纪年法的第三个千禧年伊始，它也随时准备抬头作恶。一个直言不讳的、敢于说出自己想法的女性高管，通常会被明确地或以一种不为人知的方式归入厚颜无耻、粗鲁无礼、爱出风头、尖酸刻薄的女性行列。由此产生的反馈是有害且无用的。

活动家格伦农·多伊尔（Glennon Doyle）在她非常有趣的播客《我们可以做艰难的事情》（*We Can Do Hard Things*）中，用了整整一个小时的时间来讲述女性面临不请自来的反馈的冲击。格伦农的座右铭令人难忘："尽管混乱、复杂，尽管害怕，也要勇往直前。"她把反馈比作一个装满了不请自来的邮件的实体邮箱。她建议女性把其中的绝大部分扔进回收箱，因为提供给女性的信息通常绝大多数都是性别化的，而且毫无成效。这些反馈或与外貌有关（想一想人们对女政治家的吹毛求疵），或与人际关系有关（"她什么时候去看她的孩子？"），或与感知到的个性有关（"她太专横了"）。女性可能被描述为野心勃勃、唯利是图，而实际上，她们和男性有着同样的目标。而且反馈中可能含有恶意。格伦农表示，这就是她主张将反馈信件立即拉入回收站的原因。

她认为，当人们从女性自身的角度看待他们所做的贡献时，那就是时候评估一下这些批评意见了。格伦农声称，90%以上针对女性的反馈无非是垃圾邮件。虽然我们没有办法核实这个数字，但它起到了警示作用，我们需要她所说的"生存策略"来抵御有害且空洞的反馈。如果不接受格伦农关于糟糕反馈的极端观点，我们只能建议女性和男性仔细研究反馈信息的来源、内容和语气，然后再决定是否将其放在心上。

谦逊的高贵气质

我们提倡"谦"，如谦逊、谦卑、谦虚。在这里，我们并不是在提倡像老鼠一样胆小，只是为了让人们意识到自己的错误。我们知道，要接受教练指导，你必须容忍教练的意见。但如果你谦逊地完全接受建议，会给你带来多大的力量呢？

正如我们之前所解释的，斯坦福大学的卡罗尔·德韦克认为，拥有成长型思维的人认识到自己可以提高。理智谦逊的人会意识到一些同样重要的事情，即他们可能错了。理智谦逊的人愿意质疑自己的信念，质疑这些信念所依据的证据以及可能扭曲这些信念的盲点。

杜克大学心理学和神经科学名誉教授马克·利里（Mark Leary）表示，理智谦逊可以改善决策、互动、人际关系以及促进组织和社会进步。马克在一篇文章中写道："更关注自己观点的准确性，更开放地接受新信息和其他观点，应该会增加将人们的信念建立在更有力、更平衡和更微妙的根据之上的可能性。"

与成长型思维方式一样，理智谦逊使领导者明确欢迎外界观点，可能会更容易被教练指导。这也可能使他们成为更好的领导者。邀请员工提建议或者采纳员工的意见（尤其是那些与领导者的想法不同的意见）表明了一种尊重的态度，因此有助于产生更好的决策和更高的士气。

一位女教练正在和罗恩合作。罗恩是一名初创企业的企业家，他一方面希望自己的团队能够发挥更大的自主性，一方面又希望自己永远是办公室里最聪明的人，这两者之间产生了矛盾。在罗恩看来，对于任何问题，只有他有正确的答案。没有其他人能想出好点子。"证明给我看，"他的教练告诉他，"试着在下次会议上不要给出答案。只要告诉我，他们都在黑暗中跌跌撞撞，摸不到方向，我们就承认你是对的。"

在接下来的会议上，罗恩宣布他不会给出答案，他的工作是帮助团队找到答案。他的教练说："他认为情况会很糟糕。但35分钟后，他们提出的答案比他一个人提出的答案更多、更好。"罗恩吃惊地向教练报告："你知道，我想我可能错了。"

还有谁擅长接受意见？教练。没有人比教练更能理解意见所提供的价值，没有人比教练更清楚如何催化意见来实现可衡量的进展。但是，让领导者—教练搭档模式如此富有成效的亲密关系可能会成为障碍，而且，当时机成熟时，领导者可能很难向教练提供建设性的批评。大卫·诺布尔表示："客户需要很长时间才能准备好向他的教练提供反馈。那么深层的东西呢？比如，'你完全没有击中目标。''你没有明白我的意思。''你没有在听。'这是很难做到的。"

一位女教练正在与一位不愿坦诚反馈的领导者合作。她试着打电话给这位客户，要求他给她反馈——以她一直敦促他在团队中采用的方式。"他做不到。我对他说'你必须能做到。这是我对你的要求'。"教练说。那位领导者说："我认为一切进展得非常顺利。""不，"教练回答，"这正是问题所在。"

虽然产生反馈可能不如接受反馈重要，但给出意见的过程中的所有参与者都很重要。把这个信念延伸和扩张到你的整个生活中，你就会成为一个更好的领导者和更优秀的人。

马歇尔的教练时刻：接受反馈

我第一次见到艾伦·穆拉利时，他还是波音商用飞机公司的首席执行官。他和他的团队成功地度过了"9·11"恐怖事件，这是商业航空史上最具破坏性的时刻。离开波音公司后，艾伦成为福特公司的首席执行官。他带领公司实现了商业历史上最引人注目的转折。艾伦被许多人认为是有史以来最优秀的五位首席执行官之一，他谦逊且不装腔作势。他还严谨、务实，在商业和生活中努力做正确的事。他是一名训练有素的工程师，这一点在他所做的事情中有所体现。艾伦还有一个特别之处：他总是乐于接受新的挑战，愿意接受和执行任何他认为能让他或他为之工作的公司变得更好的建议。

在我们的第一次会面中，我和他讨论了他在波音公司的任期，包括那些值得庆祝的胜利以及他所面临的挑战。我们讨论了他是如何应邀扩大自己的贡献，从领导商用飞机公司到在影响整个公司方面发挥更大的作用。从一开始，艾伦就是一个伟大的领导者，他想做出更大的贡献！

在大约一个小时的时间里，我向艾伦描述了以利益相关者为中心的教练过程。事实证明，这个过程与他作为领导者已经在做的事情非常一致。

我详细地描述了以利益相关者为中心的教练过程，包括所涉及的步骤和随后的结果。之后，艾伦笑着说："这个过程就只有这些吗？"

我回答说："差不多就是这样！"

艾伦接着说了些意味深长的话："马歇尔，我们负责建造拥有400多万个部件的飞机。我们对失败零容忍，因为我们要对人们的生命负责。而我至少应该做到听从你的指导。"然后，他真的做到了。

随着我们继续接触，艾伦还向我提供了我收到过的最重要的反馈。他说："马歇尔，这是我在商业中学到的东西。这是我的头号原则。为了获得巨大的产出，你必须开始巨大的投入。选择客户是你的教练业务中最重要的部分。"

在艾伦成为福特的首席执行官后，我们重新审视了这段对话。他给了我一些非常深刻的建议，这些建议不仅改变了我的生活，最终也改变了我们的教练领域："作为教练，你最大的挑战是选择客户。如果你和伟大的领导者合作，他们极度积极主动地让自己变得更好，以利益相关者为中心的教练过程将永远有效。如果你和那些没有真正投入的领导者合作，这个过程永远不会奏效。"

艾伦接着补充道："永远不要让教练过程围绕着你自己，以及认为自己有多聪明。重视你所服务的伟大的领导者，以及强调你为他们感到多么自豪。"

艾伦接着解释了同样的哲学如何融入了他的领导观。他说："作为福特的首席执行官，我的工作并没有什么与众不同。我不设计汽车，我不制造汽车，我不销售汽车。我只需要和优秀的人一起工作！"他接着说，"对于个人成就者来说，成功可能'全归功于我'；对于伟大的领导者来说，成功'全归功于他们'。"

艾伦的言论说明了为什么他既是一个出色的被教练者，也是一个了不起的领导者！如果你是一个潜在的被教练者，请记住艾伦的话。在教练与客户搭档的模式中，最重要的变量不是教练而是你，也就是被教练的那个人。

⏳ **执行摘要**

反馈的基础

领导力是一个不断演变的命题，在过去的一个世纪中经历了多次变革。领导力的目标在不断变化，因此领导者必须做出相应的调整，而接受反馈是领导者成功适应变化的关键。

- 找出你的盲点。识别盲点对于前进至关重要。我们都有盲点，不管它们是来自无意识的偏见还是来自无益的行为。发现盲点通常会产生立竿见影的效果。
- 欢迎反馈。优秀的领导者必须欢迎反馈。仅仅对反馈持开放态度是不够的。你还必须让那些提供反馈的人相信你渴望得到反馈。不要妄加评判，每次都说"谢谢"。把反馈当成珍贵的礼物来对待。
- 将好的反馈与坏的反馈分开。注意那些有害或无益的反馈。试着把麦子和糠分开。
- 保持理智谦逊。成功的领导者的首要品质是理智谦逊。伟大的领导者认识到他们可能会犯错，他们接受自己不合格的时刻，并将其视为真理。

我们要向艾伦·穆拉利学习。成功的教练与客户搭档的模式中最重要的变量是你，一个很棒的客户！

第六章 采取行动

从理解到行动

教练型领导，意味着你要愿意去采取行动。那是在真实世界里的真实行动。如果我们考虑一下科学领域，我们就可以轻易识别出两种主要的方向：理论和应用。理论科学寻求推进纯粹的知识。应用科学利用这些知识来改变世界。

领导力知识也是如此。你理解你的教练和利益相关者为你设想的卓越领导模式。你同意他们提出的实现目标的建议。但这些条件并不充分。理论分析可能会导致行动瘫痪。米歇尔·蒂利斯·莱德曼说："对行动持开放态度是远远不够的。你必须承诺采取行动。"

强制执行命令往往是领导者不虚心领教的第一个表现。你和你的教练交谈时，你很容易表现出对改变的开放态度。当360度测评报告的结果出来后，在最初的痛苦之后，你可能会抑制自己的情绪，努力去接受批评的声音。但是，当你被要求做一些需要花费大量时间和精力的事情（可怕的事情）时，这些改变突然变得有点太真实了。在许多情况下，保持现状是令人舒服的，这是有原因的。惠特尼·约翰逊说："人们认为，谈论自己的表现方式等同于改变自己的表现方式。他们甚至没有意识到他们不愿意做这项工作。"比如，企业家布鲁斯真的很想改变。他想改善与商业伙伴的关系，于是请了一位教练来支持他。当双方充分达成共识时，布鲁斯是一个很好的商业伙伴。但每次他的商业伙伴开始做出与他不同的决定时，布鲁斯就会加以干涉，并接管对方的工作，基本上是强迫对方按照自己喜欢的方式做事。每周，他的教练都会提醒他自己的目标，他每次都会重申自己的承诺。但当情况出现时，他继续让自己的情绪占据上风，又回到了以前的老路上。他的教练给他下了最后通牒："如果你不愿意做出艰苦的改变，我就不再当你的教练。我不想浪费彼此的时间。"最终，布鲁斯坚定地按照自己的方式行事。他认为自己还没准备好接受教练指导。

教练的宗旨不仅仅是让你理解什么对你来说很重要，以及为什么会对你重要。教练也不鼓励你不切实际地发展技能。你不仅要吸收教练课上所学的知识，还要把理论付诸实践。六个月后，你应该观察到自己的表现和工作关系有了具体的、可衡量的改善。你的老板、同事和下属也应该开始注意到你的改善。

你要乐于改变和接受意见，还要乐于接受并拥抱行动。但采取行动通常需要其他人的参与。你将不得不进行艰难的对话。你可能需要做一些你一直推迟的事情，你可能需要接触你不喜欢或不信任的同事。作为一名领导者，你几乎肯定需要更密切地关注你的团队，并优先考虑成员们的需求。

更复杂的是，成员们很少会像你想象的那样做出反应。教练课的绝佳礼物就是它能让你准备好应对不可预知的情况。然而，在那一刻，事情可能会变得不愉快。你正在与之交谈并与之实施变革的大多数人都没有接受过教练指导。你带着新的技能和视角来到他们身边。大多数人会用他们的老套路来回应。

许多领导者已经注意到，虽然行动是困难的，但他们不能选择不作为。如果你有一些模糊的想法，认为心中有意图就足够了，你可以从内心默默地改变，而不必从外部表达这种改变，那么，教练会很快让你打消这种想法。他们会确保你履行自己的承诺。教练除了懂得激励你，还擅长推动你前进。

你的教练会允许你做一些你已经有动力去做的事情。你可能不愿意，因为你觉得这个行动太冒险了。有人在你身边支持你，你会更容易前进，你会允许自己采取行动以助你自己、你的组织和你周围的人提高。

米兰达是一家国防承包商的高级副总裁，她对自己的薪酬和公司为她设定的优先事项都不满意。在每节教练课上，她都会和她的教练讨论这个问题。

她和她的教练分饰角色，模拟了她想要与老板进行的对话。与此同时，米兰达试着鼓起勇气，并严于律己。"我会问'你准备好了吗'，她会说'我还没准备好'。"教练说。一个月过去了。"你准备好了吗？""我还没准备好。"一个月又过去了。"你准备好了吗？""我想我已经准备好了。"

米兰达和她的教练又练习了一段时间。然后，米兰达和她的老板谈了谈。她的老板不肯给予她想要的东西。于是，她找到了一份更好的工作，离开了这家公司。"干得漂亮！"教练说，"因为她离开时知道自己做对了。"

也许最重要的是你的教练会帮助你制订一个计划。没有计划的行动很少能产生预期的结果。有时，这完全适得其反。做你不想做的事是困难的。一个伟大的教练会确保你把事做对做好。事实上，聘请教练是一种行动。所以说，你已经开始行动了。

灌输行动的意志

高管教练会激励领导者采取行动。激励的主要途径是点燃领导者的"内在"动机，即领导者个人深切地感受到的做某事的理由。研究表明，与外在动机相比（外在动机依赖于更高的薪水等外部奖励），内在动机会产生更大的持久性、更深的参与度和更好的总体结果。通常情况下，它还附带着与领导者的外在动机相对应的奖励。需要注意的是，外在动机往往是同等重要的。

一位女教练回忆说，她曾在一家大公司参加一个指导高潜力人才的教练研讨会。伊曼纽尔是一个年轻的后起之秀，他正在努力做一个关于教练话题的写作练习。这位教练说："我告诉他，他看起来就像被逼着吃煤一样痛苦，并问他到底发生了什么事。"伊曼纽尔告诉她，他本应该致力于利益相关者的管理，却发现这让他头脑发昏。

教练看到了一个激发伊曼纽尔内在动力的机会。她说："让我们暂时忘掉这个问题。你到底想做什么？你的人生目标是什么？"他告诉她，他想回到自己的祖国，加入内阁，帮助管理政府。教练问他实施利益相关者管理是否能帮助他实现这个梦想。教练说："他又满血复活，把我推到了一边，开始工作了。"这是重新定义一个难题或提示如何激发领导者的参与，并最终引导其采取行动的例子。

问问教练，新客户的危险信号是什么。通常，他们会提到这样的内容："我的董事会（老板）让我这样做。就我个人而言，我不认为这有什么意义。"

迪恩·迈尔斯说，大约有1/3的客户会带着一份他们想做的事情清单，以及追随自己的好奇心的愿望前来。又有1/3的人持保留意见，但很感兴趣。还有一些棘手的案例。"他们问，

'我们要降低信任度吗？我们要冰释前嫌吗？公司在这种浪费时间的事情上花了多少精力呢？'"迪恩说，"他们的双臂交叉在胸前。他们满口都是粗俗的语言。"

查理是一家艺术财团的董事，他是被老板逼着去接受教练指导的。他拖延了6个月才安排与教练会面。"我们第一次在一起时，他敲了敲手表问，'这要花多长时间？'"女教练回忆道。她当时的回答是："我认为教练活动应该符合日程安排和客户的需求，而不是背道而驰。如果我们要谈话，我想知道谈什么对你有用？"从服从老板的愿望到满足查理自己的愿望的转变开启了他们的搭档关系。

当一位领导者告诉卡罗尔·考夫曼，他想尝试一些在教练课上出现的问题时，卡罗尔说："太好了。采用10分制打分的形式，你有几分动力去尝试这个东西？"她说，任何少于8分动力的情况"都不会发生，因为我们有无数的东西在排挤这件事。所以，让我们试试别的事情吧。"

比方说，这个领导者的动力是9分或10分。下一个问题是："你对自己真的能做到这一点有多大信心？"这促使领导者真正地履行承诺。如果他们的信心水平不高，那么，卡罗尔建议他们试着把目标缩小到至少能让领导者朝着目标前进的程度。

有时候，外在动机和内在动机都不够。你可能对接受教练的想法很感兴趣。但出于某些原因（不是因为你太忙了，也不是因为你认为教练不起作用），只是在某一特定时刻，教练对你来说不是最好的方法。那也没关系。

最近，贝丝·珀利希拒绝与一位极具潜力的领导者合作，而后者的老板希望贝丝为他提供教练服务。这个潜力巨大的领导者想要接受教练指导，但他认为自己还没有准备好。"我说过不要硬来，"贝丝说，"如果他认为现在不是合适的时机，他就不是可教练型领导者。我们可以回头再讲这个问题。"

和教练进行角色扮演

本节内容十分有趣。你们可以进行角色扮演。在你采取实际行动之前，你要成为这场表演秀的明星，并鞠躬致谢。

很多教练课的目标都是公开演讲，这种恐惧困扰着我们很多人。看到一个讲台、一个麦克风和一群面无表情的人，你的膝盖会发抖，这一点也不奇怪。教练可以帮助你准备好那场成就事业的演讲，并提升你在讲台上的高管气质和神韵。

广大听众不会顶嘴，至少在表现良好的聚会上是这样的。那么，艰难的一对一谈话，如解雇一名员工、要求加薪、与项目失败的同事对峙的谈话，会让人多么不安？情绪不安的人或遭遇挑战的人是难以捉摸的。你无法控制他们的反应。不出所料，领导者经常推迟此类谈话，或者根本不进行此类谈话。

但你的教练是不会让你逃避的。当你宿醉未醒时，他就像你的私人健身教练，坚持早上六点叫你起床。你的教练会让你一遍又一遍地练习这种对话，直到你掌握了该说什么、怎么说，以及如何应对对方的每一个可能的反击。然后，你的教练会反复与你核对，直到你报告你已经经历了那场可怕的对话。这种坚持可能听起来很痛苦。实际上，它是一种支持，最终也是一种解放。

你的教练用角色扮演的方式让你适应一个惊险刺激的事件。教练扮演你，你扮演你的一个下属。这样你就能从对方的角度看到这种互动的样子。然后，你们再调换一下角色。约翰·里德说："在练习之后，你就可以将其应用到现实世界中。你可以学习英式马术。但除非你骑上马背，否则都只是纸上谈兵。"

你的教练也会引导你制订应急计划，这样，你就不会孤身上阵了。如果发生这样那样的事，你会怎么办？如果某人回复了一个出乎意料的答案呢？"你要准备好四种以上的获胜方式，"大卫·诺布尔说，"不可避免地，你会遇到障碍和难题。"

迪恩·迈尔斯警告说，接受教练指导的领导者要做好被惹恼的准备。迪恩说："在指导某些领导者应对挑战时，我会问他们，'你要说什么？'他们会说出来。我会说，'那太可怕了。简直糟透了。'不管是不是糟透了都无所谓。我想吓吓他们。我想让他们改变视角。'不然你还能怎么说呢？不然呢？再做一次，再来一次。'"

迪恩补充道："这是非常恼人的。但这正是成长的动力源泉。你的教练是你背后最大的支持者，也是陪你经历过最大痛苦的人。"

行为锻炼就像身体锻炼一样，身体锻炼的目标是锻炼肌肉，行为锻炼的目标是练习新的行为。这意味着你需要抓住每一个机会去尝试练习你的新行为。如果机会没有出现，你就得创造机会。

光靠练习是不够的。为了缓和长期存在的紧张关系或激烈的冲突，你需要"情感勇气"。彼得·布雷格曼在他的畅销书《引领情感勇气：如何进行艰难的对话，建立问责制，并激励你对最重要的工作采取行动》（*Leading with Emotional Courage: How to Have Hard Conversations, Create Accountability, and Inspire Action on Your Most Important Work*）中描述了这一主题。也许此时此刻，你正在避免一场艰难的对话，尽管你已经有很多机会去发起这场对话，并且知道进行这场对话的所有必要条件。彼得·布雷格曼认为，这种拖延的产生原因很简单，就是害怕有什么不好的感觉。彼得说："你可能会感到羞耻，或者担心会伤害对方或危及你们的关系。如果你愿意感受一切，那么你就能做任何事情。"

我们之前说过，教练指导可能是一种不舒服的经历。教练课程中最具挑战性的事情就是有人劝你开启这些冒险的对话。除了需要情感勇气，你还需要一定程度的斟酌、洞察力和控制能力，而这些往往是很难维持的。这些品质都是你需要锻炼的"肌肉"。当你最终解决冲突时，你会从中吸取教训，并重获信心继续前进。

行动需要自律和时间

工作从计划开始。正如我们在谈到"迈出一小步"时所讨论的，计划从确定一两个有改进目标的领域开始。你应该优先考虑那些定义明确且可测量的行为。

有时，领导者提出的目标过于模糊。米歇尔·蒂利斯·莱德曼问一位领导者："我怎么知道你做了这件事？你又是怎么知道的？"她将向这位领导者施压，要求他采取一些具体行动。"你会给更多的人反馈吗？或者，你会更频繁地给出反馈吗？你会确保你的反馈是从一句积极的评论开始的吗？"

你的教练会和你一起创建一些书面的发展计划，详细说明一些项目，如某些行动、时间框架、预期结果和成就指标。这也可能促使你预见到活动过程中出现的问题。有时候，这个计划会帮助你在更广阔的职业轨迹中确定一些不连续的行动来推进一个狭窄的目标。这是专注于目标的东西。你要在技能发展和目标设定之间实现平衡。米歇尔建议把计划放在手边，放在显眼的地方。

你可能想向你的老板汇报你的计划以确保其中的目标符合公司对你的期望。你的老板知道你想要完成什么，以及你朝着这个目标取得了哪些进展，这甚至会影响到你的绩效评估。将你的绩效评估视为激励的外在因素，它会让有目的的行动更有价值。

大部分艰苦的练习工作将在每周与教练会面的间隙进行。这是领导者在不受保护、不可预测的工作场所试用新技能的时候。如果没有教练要求领导者集中注意力，后者必须记住他们所学到的东西，并有意地将其运用到实践中。他们必须做他们承诺要做的事，成为他们每时每刻都在努力成为的人。如果他们不这样做，他们的教练很快就会发现。

"这是你从抽象走向实践的地方。"尼洛弗·麦钱特说。尼洛弗要求领导者每天记录自己的行动。她说，她会每两三天提出一个问题，让他们记住关键的原则以"增强他们的观察和实践循环"。

如果你将大工作分解成多个小任务，就可以抑制拖延症。如果列清单能激励你行动起来，那么你可能需要每周写一份清单。如果你可以说："我要执行这个行动了。"那就去做吧。记得审视一下自己，然后向你的教练汇报。以后，你需要一次又一次地这样做。

大卫·诺布尔说，领导者经常会有灵光一闪的顿悟或"具象时刻"，他们意识到变革真的在发生。这为他们继续前进提供了动力。"在那之后，一切都在于重复。如果你重复做某事的次数足够多，那么，这件事就会成为你日常生活的一部分。然后，你就可以花时间去重复另一件事了。"大卫说。

领导者应该在他们的电脑屏保上写下这句格言："一切都在于重复。"有意义的行动需要重复。但是，重复需要自律。自律意味着即使事情很难，你也要坚持做下去。对于领导者来说，当他们在工作生活中努力解决当前必须完成的事情时，他们就很难致力于他们期望在未来获得回报的事情。这是生活的现实，所以，他们必须做好应对的准备。

我们经常认为，采取行动是我们自己鼓动起来的事情。这种观点源于所谓的自给自足的神话。而事实上，教练指导领导者的活动是一项团队运动。你的合作伙伴会尽其所能推进这一进程。你的成功符合他的最佳利益。

假设一个领导者意识到自己爱发脾气。他承诺与教练一起克服这些情绪，并对利益相关者说他正在努力克制自己的愤怒情绪。过了几天，他又暴跳如雷，反复训斥下属。他有改掉坏脾气的意图，但没有行动。这个家伙应该和他的教练重新开始，再试一次。尽管许多领导者渴望立竿见影的结果，但采取行动的过程是一条漫长的道路，而且，一路上充满了坑坑洼洼。

并非所有的行动都是好的

现在我们又进入下一小节。你可能认为我们大体上就是在这里胡扯八道。但是，我们希望你能认识到每个教练环节的复杂性。接下来，你要认识到采取行动并展示自己可能会产生负面影响。对于领导者和教练来说，衡量每一个目标和行动项目，并优先考虑那些好处大于坏处（如果有的话）的目标和行动项目是很重要的。

正如我们之前提到的，教练活动中没有什么绝对的东西。但这里有一个毋庸置疑的事实：有时候，什么都不做比做点什么好。

毫无疑问，学习拳击历史的学生都知道1974年在扎伊尔（现称刚果民主共和国）金沙萨举行的著名比赛，那是拳王阿里和当时的"重拳之王"乔治·福尔曼（George Foreman）之间的较量。它被称为"丛林里的轰鸣"。当世界上1/4的人通过电视观看比赛时，阿里什么都没做，这让所有人都感到震惊。他靠在拳绳上抵抗了几个回合，他用手套保护自己的头部，让福尔曼接二连三地重击他的身体，就像抡大锤一样恐怖。福尔曼不可能知道，在比赛前的几个月里，阿里进行了高强度的体能训练，使他的腹肌变得像钛一样坚硬。仅仅是身体上的打击，即使是来自强大的福尔曼，也不能击垮阿里。

这种战术在拳击界被称为"倚绳战术"，最终让这位卫冕冠军（福尔曼）感到疲惫不堪。福尔曼挥拳数百下，阿里毫不退缩。在第六回合之后，阿里发现福尔曼已经筋疲力尽，身体开始摇摇晃晃。他开始进攻，反复用右勾拳猛打福尔曼的头部。阿里在第八回合击倒了对手，他获胜了。阿里最初的"不作为"决定了这场比赛的结果。重复一遍：有时候，什么都不做胜过采取行动。

当然，被教练的领导者不会像阿里那样在擂台上忍受一个回合。会议室里的争吵，无论多么令人恼火，都很少会发展为打架。但"倚绳战术"是很有用的，你可以牢记在心，并在适当的时候拿出来用一用。

尼洛弗·麦钱特回忆说，她曾指导过一位雄心勃勃的客户，这位客户申请了一个非常高的职位，但没有得到。相反，招聘人员选择了一位眼光不同的同事。但这位成功的求职者在仅仅六个月后就离职了。所以，麦钱特的这位客户的命运发生了转变。高级管理层敦促他再试一次。

她恳求他不要这样做。退后一步，耐心等待。如果你接受了一份工作，却要让自己妥协去实现你的竞争对手的工作愿景，你会很痛苦。让他们来找你，就是经典的"倚绳战术"。后来，管理层找到了他，恳求他重新申请这份工作。"不，"他回答，"只有你们让我实现我自己的愿景，而不是我前任的愿景，我才会重新申请这份工作。"最终，高级管理层重新评估了形势，与他的愿景达成一致，然后授予他这个职位，并给予他最适合他的施展空间和角色。他是靠"什么也不做"获胜的，这里没有蓄意的盘算。这次他赌赢了。有时候，最好的行动就是故意选择不采取任何行动。

马歇尔的教练时刻：准备行动

在加州大学洛杉矶分校攻读博士学位期间，我在打篮球的时候弄伤了中指。我在医学院的一个朋友认为这是一种叫作"棒球指"的伤。我查阅了有关治疗的资料。我需要在八周内一直戴着夹板。擦手的时候，我必须非常小心，不能弯曲手指。哪怕弯曲一点点，都可能拉到肌腱，然后不得不重新开始戴着夹板的过程。

尽管如此，我还是去了大学医疗中心，请医生检查了一下。当我告诉医生我的怀疑和我的自我治疗过程时，他认可了我的治疗方法。他让我按照说明书去做夹板和清洗，八周后回去复查。当我回去复诊的时候，我向医生保证，我丝毫不差地按照说明书去做了，他很震惊。当他检查我的手指，发现伤口已经完全愈合时，他更震惊了。"几乎没有人能坚持八周！"他告诉我，"我很惊讶你真的做了所有这些事情。"

你可以正确地诊断出你的领导力或你的生活中出现的问题。你可以弄清楚解决这些问题的方法。但如果你不去动手做，这些理论知识就毫无用处。如果你不练习这些技能，如果你不给你的下属质疑你的空间，如果你不能清楚地与人沟通并告知你对他们的期望，如果你不能在有人错过截止日期时冷静说话而想大喊大叫，那么，一切都是徒劳的。

积极且长期的改变需要你反复采取行动，一遍又一遍地锻炼你的"肌肉"，久而久之，你会治愈你对自己或他人造成的任何伤害。就像治疗"棒球指"一样，操作说明书很简单。而以坚定不移的信念去执行说明书中的步骤却很难。有时，非常艰难。但如果你在认真地利用有意图的行动来激发改变，你就可以做到。

执行摘要

一切都是为了采取行动

你明白需要采取行动并不等同于真的采取行动。一个人必须在适当且深思熟虑的时候采取行动，而不仅仅是和教练谈论这些行动。在你冒险迈出这一步之前，有很多因素需要考虑。

- 寻找内在动机。有意义的行动需要重复。重复需要自律。虽然外在动机很重要，如希望升职或加薪，但内在动机通常会导致更有效的行动，如积极影响团队的愿望。

- 行动之前先做计划。采取行动需要周密的计划。你的教练可以为此提供帮助。

- 制订一个详细的行动计划。你的教练会与你合作制订详细的发展计划，概述某些行动、时间框架、预期结果和成就指标。实施这个计划需要奉献精神和投入必要的时间。

- 表演前先演练一下。在采取行动之前，你通常需要和你的教练进行角色扮演，可以是在高压环境下进行艰难的对话，也可以发表公开演讲。

- 决定是否采取行动。在某些情况下，什么都不做比做点什么好。在你继续前进之前，仔细评估一下当下的形势。

精心策划的行动拥有移山倒海之力，在组织内外都是如此。

第七章　承担责任

我们希望，到目前为止，你已经预测到自己需要为教练旅程做些什么才能最大限度地发挥其功效。

如果你还和我们在一起，我们假设你会接受改变、欢迎反馈，并采取行动。虽然这就像是"全套服务"，但是，为了创造持久的变化，你还得致力于另一件事，那就是接受问责。如果你不承担责任，那么，你从教练那里获得的很多好东西都不会坚持下去。教练活动通常持续六个月到一年，在这段时间里，你的教练将是你的主要"问责伙伴"。真正的行为改变可能需要更长的时间。不幸的是，好习惯往往比坏习惯更容易被打破。因此，你必须愿意在教练活动之前、期间和之后接受问责。让我们考虑一下其中的原因。

退步的诱惑

教练可以让你发生变化，然后让变化持续下去。持久的变化才是最重要的。有些人可能想要相信，仅仅有一个教练就能让他们免受未来失败的影响。虽然教练给你提供了防止坏习惯复发的工具，但你必须定期使用这些工具以确保你能维持良好的实践。

马歇尔的经典研究论文《领导力是一项接触类运动》确立了这一标准。他的总结说明了一切："如果组织能够教会领导者与同事接触，以及倾听和学习，并专注于持续发展，那么，领导者和组织都会受益。毕竟，如果领导者与同事保持联系，就会展示自我提升的承诺以及变得更好的决心。这个过程不需要花费很多时间和金钱。这里还有更有价值的东西，那就是接触。"如果你公然接受问责，你不仅会强化你的积极收获，还会展示你成长的意愿，并为其他人树立榜样。在这个过程中，你将继续引导最大的转变——对他人的感知。

问责制有多种形式，包括外部问责和内部问责。关键是要接受老板、同事、朋友和家人的反馈，确保你能积极面对外部问责。你要让他们知道你希望继续得到反馈。如果你完全依靠内在的动力和动机，你就像进入了一个充满镜子的大厅，在那里你不再知道你应该朝哪个方向走（这不是你最初聘请教练的原因之一吗？）。

研究表明，动机是一种有限的资源，我们每天的动机数量是有限的，通常比我们想象的要少。但我们大多数人确实发现别人的外部警报和提醒具有很强的激励作用（比如，来自老板的标题为"紧急"的电子邮件）。问责制与此非常相似，可以调动你的积极性。与反馈一样，问责是一种礼物。这意味着有人关心你，想要帮助你成长。而且，正如我们在反馈中建议的那样，当有人提出问责性的建议时，最好的回应是"谢谢你"。我们都需要问责制，尤其是领导者。我们都知道，伟大的领导者都是勇于承担责任的人。责任的一部分就是问责。

有了反馈，你想知道自己应该做什么。有了问责制，你想知道你把那些你认为重要的事情做得有多好。比如，关于你的成长和发展，以及你向他人承诺的事情。尽管你是心甘情愿地要求这样做的，但这并不会让事情变得更容易。当人们给你反馈时，他们可能相信也可能不相信你会改进。当他们让你承担责任时，他们会发现他们对你的判断有多正确。

反馈关乎认同。其他人对你应该做什么给出了他们的意见，这可能会让人感到羞愧。问责关乎执行力和一致性。你要求你的教练或问责伙伴让你遵守你所选择的承诺，你可能会在这个过程中感到暴露。有了反馈，你可以有意识地或无意识地为它找借口，或将其作为一种主观臆断而不予考虑。问责制不是这样的，最终，这只能怪你自己。

还有一个普遍问题，即你可能不喜欢别人提供反馈。同样，你可能也不想和让你负责的人说话。如果你一直在一丝不苟地练习你的新行为，并努力追求你的目标，那么，一个积极的评价就会让你自得其乐。但如果你酒瘾复发，你可能不想被人揭发。我们大多数人都知道自己"下降"的确切时刻。

这里有一个更贴切的词，我们称之为"退步"。这种情况经常发生，即使是教练，也会受其影响。让我们假设你的教练不再推动和鼓励你朝着正确的方向前进。你可能从你的教练那里学到了一个好习惯，但你只在特定的环境下练习。也许当初的背景改变了，或者你的环境改变了，这个习惯就变得更难维持了。领导力教练卡罗琳·韦伯说："习惯依赖于特定的暗示和环境氛围。所以，当你停止与教练合作时，你很可能会出现退步趋势。如果你的行为不见一点进步，那你就枉为人类。"

最终，你也会在此时此地的无情压力面前变得更加脆弱，因为教练经常充当问责伙伴的角色。当你和教练的合作结束时，你要决定是否招募和招收新的问责伙伴。根据哈佛大学心理学家丹尼尔·吉尔伯特（Daniel Gilbert）的说法，人们总是关注那些即刻就有明确后果的问题，而不是那些日后才逐渐显露后果的问题。吉尔伯特曾撰文论述过这种现象，此时我们并不急于应对局势的变化。

教练可以直接解决领导力技能方面的长期问题，并提示你现在就解决问题。让我们假设你的问题在于无法倾听。这是你和你的教练决定要改进的行为之一。因此，当你正在接受教练指导时，即使有三个迫在眉睫的任务已经到了最后交付期限，也不应该阻止你抽时间去耐心且感同身受地倾听，每天至少倾听一个人的心声。在教练活动结束时，你的教练消失了，那些迫在眉睫的任务又在你耳边咆哮。这时，倾听可以排在你的任务清单的最后。

　　某些下降趋势是正常的。然而，如果你在教练课结束前就建立了问责制，那么，你应该能够维持和加强你已经完成的重要工作。早在你和你的教练分道扬镳之前，当教练活动发生时，它就包括问责制了。

　　布莱恩是一家金融服务公司的高管，在接受教练指导期间，他变得不那么粗暴了，更有耐心了，也不太会发脾气了。他的同事注意到了，他们给他发了祝贺邮件。他自豪地把这些邮件分享给了他的教练。但这些利益相关者保留了自己的判断。他们怀疑他的良好表现可能是暂时的，这只是所谓的"教练冲击"的结果。教练课程结束后，布莱恩没有做任何事情让他的新行为持续下去。果然，教练叹了口气说："现在我听说，他没有推进他所学的技能。因此，信任开始削弱了。"

　　听着，我们都需要问责制。在过去的 20 年里，马歇尔一直在指导和教导别人采用他所谓的"每日问题"，即我们每天问自己的一组问题，让我们对自己的目标负责。参与者写出问题和答案。这个过程产生的影响和洞见是惊人的。不过，每天都有人给马歇尔打电话。为什么？因为承担责任中最困难的部分就是发现内在动机。

　　要求自己完美，只靠自己，注定会失败。你必须一遍又一遍地练习你在教练课中学到的行为，让它永远留在你的脑海中。领导者必须尽最大努力不偏离自己的意图，一天也不能落后。这听起来不可能，事实也确实如此。偏离现象会发生，进步会受到阻碍。最好的办法就是诚实地向你自己和你的同事报告。你们都是一条船上的人。

我们明白了，原来反馈和问责是很难的事。如果这很容易，每个人都会这么做。反馈和问责也可能让人不适。与教练合作的一部分目的是帮助你更适应这个过程。教练不会消除你所有的不适，这仍然是一项艰苦的工作。别人的意见可能很刺耳，毕竟，不是每个人都擅长提供反馈或问责。但无论如何，你都需要原谅他们并感谢他们。说到底，不适是成长的明确标志，而这正是我们所追求的。

进步与感知

我们的一位教练说："为了层层上升，最后成为高级领导者，你必须能够站在别人的角度看问题。你要知道什么对他们来说是重要的，这是成为成功领导者的基本要素。这是把'我'替换成'我们'的语境。"

在整个教练期间，每隔几周就向教练汇报一次，这会让你对自己的承诺负责。我们这里强调的是你取得的进步，以及你在工作场所对自己进步的感知。这两者是相互交织的。

你必须向你的教练报告你的行动，这也可能促使你在每个可行动的时刻都保持密切关注。如果你急于完成一个行动，那么，你可能会忽视来自其他人的信号，这些信号有助于你理解所发生的事情。你也可能会忘记自己说了什么或怎么说的，这让你很难提高自己的表现。如果你知道自己必须在某个特定的行动之后报告其过程，你就可以在任何时候都更专注于当下。

贝丝·珀利希将报告活动视为事后回顾，她解构了会谈或互动的所有内容，从会议室的设置到核心交流之前的任何非正式对话。"我想知道对方到底说了什么。你问过他们在想什么吗？接下来你希望问什么问题？如果你这么做了，最坏的结果会是什么？"贝丝说，当领导者评估他们自己的行动时，重要的是他们要充分理解事情为什么会这样发展。否则，"你可能会一直反复思考这件事，这可能会带来可怕的影响。"

在这些问责报告会议上，领导者们会与他们的教练精心编写大卫·诺布尔所说的"给你的用户手册"。你需要一段时间来分析所有影响你实现和维持改变能力的微观行为。大卫说："当有人问'然后发生了什么？你为什么要这么做？'大多数人都无法带着情绪静坐五秒钟，更不用说静坐一小时了，你需要正确的人际关系来支持这种探索。"

尽管所有的努力都是必需的，但你需要确保责任不会成为一种负担。它类似于减肥者的浴室秤，虽然它可能是一种保证自己进步的工具，但它很快就会变成一种有毒的执念。如此一来，节食者可能会忘记自己开始减肥之旅的初衷，即变得更健康，而不是在体重秤上获得一个抽象的数字。

我们理解的"进步"是一个经历多个阶段的改善过程。我们感知的"进步"就不那么明确了。其他人的意见是领导者无法掌控的。然而，如果领导者能够确保清楚地反复向他的同事传达他的意图，最重要的是，无论成功还是失败，他都对这些同事负责，那么，他就可以对这些感知施加一定的影响。亚历克斯·拉撒路（Alex Lazarus）教练建议，领导者需要了解每个下属需要的具体沟通风格，以便发挥最大的效能。领导者应该明确地做到这一点，而不是做表面功夫。与利益相关者保持联系可以彰显你的忠诚，也在提醒与你一起工作的人，你是忠诚的。他们会因此给你加分的。

让我们举几个假设的例子来说明为什么后续的问责制很重要。在这个例子中，我们将回到破坏性言论和愤怒情绪的话题上。这种性格特征是最鲜明的，在很多方面也是最容易被察觉的。它就像鲜艳的颜色一样引人注目。因此，我们使用这些性格弱点来构建一个具有启发性的假设情境。

假设你的利益相关者声称，在发表破坏性言论方面，你是"金牌得主"。这种困境很难修复，但也有逆转的可能：你必须停止发表破坏性的言论。你说你正在努力，很快就会做得很好。

你的教练活动可能结束了，所以你和你的利益相关者可能要靠你们自己了。然后，这里就需要问责制了。眼前有两条路，你可以选择其中一条：

案例A：在最初的反馈之后，你去找你的利益相关者，感谢他们的意见，并询问他们关于消除你的讽刺和负面评论倾向的想法。但这是你最后一次跟他们提起这个话题。七个月过去了，你没有发表任何破坏性的评论。做得很好。然后有一天，你又重蹈覆辙了。"那些愚蠢的金融白痴！"你会大喊大叫，"愚蠢的算账员！周围都是这样的人，我怎么能把事情做好呢？"你的一位参与360度测评报告的同事无意中听到了这番长篇大论。你这次的爆发触发了他之前对你的印象。你没有变，还是那个急性子。

案例B：这个场景以同样的方式开始。在最初的反馈之后，你去找你的利益相关者，感谢他们的意见，并询问他们的想法。在这个案例中，两个月后你又去找他们。你重复你在第一次面谈时说过的话，表达出你想成为团队的一员，并且尽量不发表破坏性的言论。你又询问了更多的想法。你的利益相关者可能会回答："你知道吗？你做得越来越好了。继续努力吧！"两个月后，同样的事情发生了。又过了两个月，又是同样的事情发生了。然而，七个月后，你又发出了震耳欲聋的咆哮："那些愚蠢的金融白痴！"在第二种情况下，目睹你发脾气的同事说："你知道，你真的不应该这么说。但是，你这几个月来都没有侮辱任何人，显然你正在取得进步。"

在案例A中，你的行为改变了吗？是的，改变了。你的同事对你的看法改变了吗？不，没有改变。在案例 B 中，行为和感知都发生了变化。在领导力方面，你说什么比他们听到什么更重要。如果你不积极跟进并承担责任，即使你的行为改变了，你的同事对你的看法可能还是一样的。

在你的同事评论了你的进步之后，你可以感谢他并向他道歉。如果你的评论影响到了你所侮辱的人，也许你也应该向他们道歉。

谁能公开指责我

如果你想让你的利益相关者相信你的进步，你可以在教练期间每两个月和他们联系一次。但教练结束后会发生什么呢？你可以在自己身上系一条丝带，宣告你已经被"完美打包"了。但很有可能，在没有人让你承担责任的情况下，你会退步。

为了防止这种情况发生，你可以试着让自己负起责任。然而，保持诚实需要极大的自律。毕竟，你可能是唯一一个理解导致你上次犯错的特殊情况的人。自然，你会忍不住想要放过自己：下个星期会变好的，没有问题。

我们建议你寻找我们所说的问责伙伴，而不是独自艰难地完成任务。这些人是你经常联系的人，你得尊重他们的意见和反馈。对于非常资深的高管来说，这些合作伙伴通常本身就是资深的同行。这样，你就可以避免可能的权力失衡。比如，当一名高管向一名资历较浅的员工征求意见时，后者可能不愿畅所欲言，这是出于对等级制度的尊重。同行伙伴则不会遇到这样的障碍。如果这些伙伴自己也接受过教练指导，那就更好了。

下面我们再使用一次体育方面的比喻。你的领导力教练就像你的私人教练一样，他们会监督你对"每周都要去健身房"的任务负责。毕竟，如果你不去，他们会知道的，而且，无论如何你都在为他们的时间和服务付费。问责制使你脱颖而出，它的动力促使你工作更努力一点，挖掘更深一点，达到的高度更高一点。教练的知识和冷静的观察会给你信心，并赋予你心理上的安全感。

在跟随私人教练工作了六个月或一年之后，有些人决定离开。一般来说，接下来会发生以下三种情况。有些人已经被深深地灌输了健康和运动的价值，并且大多数人可以坚持自己定期锻炼的承诺。我们之所以说"大多数人"，是因为某些人的退步几乎总是不可避免的。其他人可以找一个伴侣或朋友做他们的健身伙伴。他们一起督促彼此对定期锻炼的目标负责。还有一些人在意识到保持动力是多么困难之前，试图单独行动。唉，他们最终发现自己又回到了当初的起点。这些人中的许多人回到他们的私人教练那里，并承诺要在以前的基础上继续合作。这很好。请一位私人教练并没有什么错。我们都是人，我们都需要帮助，我们都需要问责制的监督。

在这种情境之下，有些读者可能会对我们反复强调领导者的缺点而感到叹息，但如果听说并非一切都是领导者的错，他们会如释重负的。整个组织都有可能遭遇退步，这迫切需要问责制。随着教练活动所带来的"允许发言"的光环开始暗淡，一种危险出现了，那就是同事和下属可能会回到过去那种埋头苦干、闭口不谈的糟糕日子。毕竟，领导者仍然是领导者。一些利益相关者可能会对提供诚实的反馈变得谨慎起来。

你的问责伙伴可以帮你填补这一空白。如果你雇佣或培养的人的责任角色被理解为他们岗位职责说明的一部分，你就可以进一步提高获得持续反馈的概率。例如，艾丽莎·科恩表示："创始人兼首席执行官可以聘请一位出色的副手，此人不怕公开指责领导。"你也可以请一个经理来处理那些领导者不擅长的任务。艾丽莎表示，一旦领导者与那个人建立了牢固的关系，后者就可能"成为公司内部的嵌入式教练"。

问责伙伴可以是各种各样的。他可以是一个值得信赖的朋友、一个亲密的伙伴、一个前途似锦的同事，还可以是一个冰雪聪明且经验丰富的高级管理人员。他也可以兼备以上所有角色。你可以有尽可能多的问责伙伴，尽管你更可能只依赖其中的一两个。厨师太多会破坏一锅汤的味道，不管汤的味道有多丰富。即使你只让几个伙伴参与进来，他们的意见也是宝贵无价的，可以让你走上正轨并保持警觉。

并非所有的问责制都是好的

本小节的内容简短，只是提醒一下你可能已经知道的事情。你必须在选择你的义务时运用判断力。并不是所有的选择都是好的。如果你正在考虑选择一个阴险的人作为问责伙伴，也许你要三思了。

问责制的概念延伸到生活的许多方面。我们一个熟人的妻子最近提出离婚诉讼。原因是什么？问责制。她的丈夫绝对把工作放在首位，习惯性地在办公室待到很晚，周末也要工作。如果他的老板让他跳，他就会问跳多高。

他选择坚定不移地对他的公司负责。如果把他的工作和他的妻子进行排名，她会以远远落后的距离屈居第二。更糟糕的是，他自称讨厌自己的工作。他待在家里的那一点点时间，经常回荡着他对自己的工作和同事的不满。

她仍然爱着他，但已经受够了。在被冷落了 15 年之后，她给了他一纸休书。现在这个男人有一份他讨厌的工作，没有妻子，几乎没有空闲时间——这一切都是因为他对老板的绝对问责。

不过，在某些圈子里，这个可怜的家伙可能被视为英雄。

作家兼企业家科琳·波尔多（Colleen Bordeaux）采访了几位顶级高管，探究了他们的晋升之路。一位首席执行官直言不讳地说："没有人愿意听从自己的想法，而我之所以成功，是因为我把工作置于生活之上。如果不做出这样的牺牲，就不可能得到我现在的位置。"我们将在本书的第三部分考察这些问题，讨论并对比奋斗、取悦他人、崛起和繁荣四种不同的前进方向。竞争需求的平衡可能是一个棘手的问题。

现在回来探讨一下问责制的危险性：这是出现在 2022 年互联网上的一个警示故事。推特（Twitter）独具一格的首席执行官埃隆·马斯克（Elon Musk）在午夜发了一封电子邮件，称从今以后，员工"需要非常硬核"。"这将意味着，"他补充说，"长时间高强度地工作。只有优异的表现才算及格。"这是我们前面提到的一位企业家在现实生活中的写照，当他的员工每天晚上在常规合理的时间离开办公室时，他却感到困惑。

推特的高管埃斯特·克劳福德（Esther Crawford）得意扬扬地发布了一张自己裹在银色睡袋里，在办公室地板上熟睡的照片。这一事件引起了互联网的关注。埃斯特相信了老板的话。她是一个"拼命三娘"，还是一家庞大社交媒体公司祭坛上的"献祭羔羊"？像往常一样，评论者们或厌恶或高兴地发表了评论。可以肯定的是，埃斯特把问责制提升到了一个新的高度——只有工作，没有生活。

这个故事有一个悲伤的结局。在 2023 年初推特的下一轮裁员中，埃斯特被解雇了。据推测，当时她卷起睡袋回家，终于能睡个好觉了。结果证明，押注于绝对问责制是一个糟糕的赌注。

就像改变、反馈和行动一样，问责制也需要人们对利益和缺点进行清晰的评估。我们把这个问题留给读者朋友，大家可以畅所欲言。

良性循环

改变，反馈，行动，责任。在你的教练活动期间和活动之后，这些话仍然很重要。你不是一个人在战斗，但总有一天，那个对你窃窃私语的教练会离开你。有些教练会写"离职笔记"，总结你们一起做过的事情。离职笔记会在你逐渐忘记所学内容时给你一些参考。而且，如果你完全忘记了，你还有教练的电话号码。

我们在这里不是要强制命令你为取得进一步成功而采取某些行为。这些行为最终取决于作为领导者的你。我们可以说，进入问责阶段可能会启动我们所说的良性循环。我们之所以在这里说"循环"，是因为这是一个反复出现的过程，需要我们不断地改造自己。问责制的一部分是问这样的问题：我在做我打算做的事情吗？这对我来说依然是正确的问题吗？如果我回到被问责的状态，那么，我也是在接受意见。如果我收到了反馈，那么，我就愿意改变。反过来，如果我愿意改变，那么，我也愿意采取行动。这意味着我要为这样的行为负责，这又开始了一个循环。这不仅仅是一个过程，也是一种进步。

这里的重点是，愿意接受教练指导并不是一个有明确终点线的固定目标。这不应该是令人沮丧的，而应该是令人兴奋的。谁不想继续成长？我们都想成为重要的人。我们都想成为一股向善的力量。前进的诱惑是不可抗拒的。你不是在仓鼠转轮上跑步，一直做原地踏步的运动。在这个过程中，你会不断取得优秀的个人成绩，这个过程永远不会结束。我们都在进步。

杰达是一位经验丰富的高管，最近在一家著名的广告公司被提升为首席执行官。凭借骄人的业绩，她相信自己已经达到了事业的巅峰。然而，她与一位导师的一次对话让她陷入沉思，原来她的成长还远未完成。

在导师的鼓励下，杰达决定与一位高管教练合作，进一步发展自己的领导力技能。在每一场教练活动中，杰达都可以发现她可以改进的领导风格的新方面，以及她可以培养但尚未未开发的优势。她开始认为自己在不断发展，总是努力做到最好，成为她所在组织中的积极分子。

持续成长的刺激让杰达感到兴奋，因为她接受了"向前迈进"的想法。她的团队注意到了她重新焕发的激情和承诺，积极的影响在整个公司蔓延开来。员工敬业度和协作性提高，从而提高了创造力和业务绩效。

不过，你现在可能会想："如果我能和教练一起工作六个月或一年，付出了努力，也取得了进步，只是几个月后原来的坏习惯又卷土重来，那当初为什么要尝试呢？"对于这一点，我们要说，你还是有进步的。结果是实实在在的，对你自己、对你身边的人、对你的公司都是如此。但无论我们走了多远，这段旅程都不会变得更轻松。我们必须继续努力。胆小的人不适合当领导。因为你有过一个教练，所以你知道成长道路上的细节，你知道如何训练和实践。你能做到的。继续前进吧！记得在需要的时候寻求支持。即使你不再以付费的方式和你的教练一起工作，也可以随时打电话给你的教练寻求建议。也许在某个时候，一个新的挑战会促使你决定再次聘用你的前教练。我们经常看到这样的现象。

关于问责制，领导者有很多策略。有的领导可能会每周给自己的表现打一次分。有的领导可能会要求问责伙伴也这样做，或对实现和未实现的目标提供令人振奋的评估。有的领导会习惯性地寻求利益相关者对反馈的持续承诺。还有一些领导会采用反思性问卷，马歇尔将在下一节中概述这一点。

简单地说，我们不是来发号施令的。我们的目标是让人们看到各种各样的选择。本小节的目的是鼓励，而不是命令。无论你是可教练型领导者，还是自己就是教练，如果你已经读到了第三部分，你可以选择要不要留意我们更广阔的愿景。

马歇尔的教练时刻：接受问责

在过去的 25 年里，几乎每天都有人打电话给我，听我解答"每日问题"。这些问题让我负起责任，因为它们迫使我反思：那天，我是否努力去做了对我来说最重要但太容易被忽视的事情。

目前，我有大约 50 个关于我的健康、工作、时间和人际关系的问题。因为我要对这些事情负责，所以我会这样开始提问："今天，我有没有尽最大努力……？"这些问题会随着时间的推移而改变。如果你这样做了，那么你的问题就会和我的不同。但我总是问六个问题："今天，我有没有尽最大努力设定明确的目标？我有没有尽最大努力朝着目标前进？我有没有尽最大努力变得快乐？我有没有尽最大努力寻找生命的意义？我有没有尽最大努力建立积极的人际关系？我有没有尽最大努力全身心投入工作？"如果你每天都问这六个问题，那么你对生活的满足感就会提升。

如果我每天都练习"每日问题"，我会变得更好。如果我不这样，我就不会变好。我需要让自己承担责任。我知道，我太懦弱、太散漫，无法独自做到这一点，这就是为什么会有人给我打电话。我们都没有那么强的意志力。为什么顶级网球运动员需要体育教练？为什么身材好的人会请私人教练？他们承认他们不会独自做到这一点。

在和我一起练习"每日问题"的人当中，有一半人会在两周之内放弃。我们喜欢端详镜子里的自己，但很难面对我们生活的现实。在过去的 45 年里，我们一直在欺骗自己，所以，面对现实尤其困难，责备别人要容易得多。然而，当我们开始承担责任时，我们就开始掌控自己的生活。这就是奇迹发生的地方。

⌛ **执行摘要**

问责制的要素

你已经开始了可以产生改变的教练之旅。为了确保持续的改变，即使在教练活动结束之后，你也需要在问责制上投资。

- **警惕退步趋势。**教练过程结束后，退步是不可避免的。这不应该成为绝望的理由。相反，这是对问责制的呼吁。

- **将问责与反馈结合起来。**有了反馈，你想知道你应该采取什么行动。有了问责，你想知道你执行这些行动的效果如何。反馈和问责可能会让人不舒服，但你的教练会帮助你更适应这个过程。正如我们之前说过的，

"谢谢"总是对反馈或问责的最佳回应。

- 在问责制方面寻求帮助。问责有多种形式，如教练、同事或朋友的监督，但关键是要让其外部化，而不是完全依赖内部的动力和动机。明智的做法是找一个问责伙伴，即一个值得信赖的人来评估你的进步。

- 宣扬你的承诺。你仅仅意识到自己对责任的承诺是不够的。你应该自由而频繁地与同事分享自己的承诺。外界对你的看法至关重要，你的外部责任感可以助你改善这种看法。

- 分析那些指责你的言语。留意你要对谁负责或对什么负责。糟糕的选择是存在的。就像改变、反馈和行动一样，问责制要求你对利弊进行清晰的评估。

教练的工作不会随着教练过程的结束而告终。问责制（向他人报告）应该触发改变、反馈、行动和问责制的良性循环，这种自我成长的循环应该贯穿于领导者的整个职业生涯。

第三部分

寻找目标

我们之所以写这本书，是因为我们热衷于让领导者从教练中获得最大的价值。在第一部分中，我们分享了我们的教练经验，这样你就能更好地理解教练的世界。比如，教练课是如何运作的？你如何走进教练世界？我们描述了可以从教练中受益的领导者的类型，以及为什么教练与其他形式的支持不同。对于教练的误解问题，我们只是浅尝辄止。我们描述了从寻找教练到选择教练再到教练参与的过程，并分享了开启教练旅程的准备工作。

在第二部分中，我们分享了我们认为的教练型领导的四个关键：接受改变、反馈、行动和责任。有了这些工具，加上合适的教练、支持型的问责伙伴、充满活力的组织，我们真的相信你可以做任何事情。人的潜力是无限的！我们会向你展示教练如何帮助你达到新的高度。

我们可以就此打住。毕竟，你选择这本书是为了学习什么是教练，以及如何从教练中获得最大的收益。就是这样。对吧？但是，与其就此打住，还不如继续研究一个古老的问题：教练的目的是什么？

我们对你作为领导者的潜力有不同的看法，这种看法可以蔓延到教练活动之外，甚至扩张到商业环境之外。如果你愿意再给我们一点时间，我们想分享我们对你作为领导者在生活各个方面所具潜力的看法。你没有义务和我们待在一起。但如果你做到了，我们期待强调你如何在办公室范围内超越你作为领导者的发展，以及你如何推动自己达到人生的新高度，即成为一个更好的人，就像被人扔进池塘的鹅卵石一样，会激发出改变世界的涟漪效应。

在第三部分中，我们提供了一份岗位和一份邀约。我们不仅会帮助你了解如何从教练那里得到更多，还会帮助你了解你可以用刚刚学到的东西做什么。无论你身在何处，我们都要与你分享这份礼物。如果你能接受，那就太好了。如果你能更进一步，把它应用到你的生活中，那也很美妙。顺便说一句，如果你现在的处境不合适这份礼物，那也没关系。

在这个部分的第一章"启动心灵的力量"，想象一下，你在接受教练指导之后脱颖而出，对你自己和你周围的人产生了极大的影响。这里的起点就是你。如果你和大多数领导者一样，你阅读了这本书并走到了今天，那是因为你想成为一个更好的领导者。你想有一个更好的职业生涯，你想让你的团队成员更有效率，你感觉你在支持他们的工作。你明白，教练课程会让你更有效率，更有价值，甚至可能获得升职。我们称之为"崛起"。崛起就是繁荣发展，实现的途径是先成为一个更好的领导者，从你的团队中获得更多，并能够更好地管理你的整个组织。如果你完成了崛起过程，你会有很多值得骄傲的事情。你的努力让你达到了这个有责任感、有影响力的地位。

也就是说，我们愿意为你提供更多。我们邀请你考虑一下我们称之为"繁荣"的心态和行为，那是一种更有抱负、更鼓舞人心的生活方式。我们将描述我们如何理解成为领导者的职业轨迹，以及你如何超越"崛起"走向真正的"繁荣"的曲折历程。我们将给你一些例子，告诉你，繁荣型领导者是如何表现出来的，以及他们的成就有多广泛。

前面提到的"开放框架"中的工具，不仅可以让你成为可教练型领导者，对你成为更好的领导者和更优秀的人也至关重要，这并非巧合。伟大的领导者和伟大的人物都接受改变，欢迎他人的反馈，敢于采取行动，并勇于承担责任。你采用了开放框架，这表明你已经向在你的生活和领导力中取得成功的原则迈进了一大步。不仅在办公室里，在办公室外也是如此。我们希望激励你行动起来，发挥更大的潜力。我们相信，你生而为人，可以作为一个领导者和贡献者，为你周围的人的发展做出贡献。

在第三部分的最后一章"我们共赴时代之约"中，我们阐明了繁荣不是你孤军奋战的结果，相反，繁荣源于与我们的默默合作。这里的我们不只是我们这些作者，还有我们的集体社会，乃至人类轨迹上的每一个个体。

第八章　启动心灵的力量

新的存在方式

打开字典，你会看到一个关于"繁荣"的定义，说的是快速发展和茁壮成长。盛开！绽放！然而，我们给这个词赋予了不同的含义，它表达了我们对每一位与我们共事或不共事的领导者的渴望。

亚里士多德创造了"eudaemonia"一词，通常被翻译为"活得漂亮"。我们也采用了类似的观点，并称之为"繁荣"。亚里士多德指出，这种生活方式超越并扩张了表面的幸福，是"我们生而为人应该有的存在方式"。"崛起"是管理人员的晋升策略，对扩张也具有重要意义，这一点我们将在下一节探讨。然而，具备"扩张"意义的"崛起"关注的是领导者个人的成长，特别是他们的成就、进步和成功。

具备"扩张"意义的"繁荣"则更进一步。当一个领导者真正走向"繁荣"时，他们不仅提升了自己，也提升了周围的人。就像海港里的"水涨船高"现象一样，拥有一个"繁荣"的人生视角会让你的事业和生活比原本更有影响力、更深远。当我们走向繁荣的时候，繁荣景象折射在了各种方向和维度上。这是留下一段人生和留下一笔遗产的区别。繁荣是扩张性的，而扩张性的成长会让我们共同成长。

我们已经确定，在商业环境中，理想的领导者应该在良性循环中不断前进。但在商业环境之外呢？换句话说，一切事物和所有的人呢？从教练活动中，领导者获得了一些可转授的技巧。那些被成功教练过的人所获得的行为——比如，带着同理心倾听，把反馈视为一种礼物——可被应用于任何领域，而不仅仅是商业。是的，当一个人应用这些经验教训时，他就会成为一个更好的领导者。但一个人也有能力成为一个更好的配偶、父母、公民、社区成员，还可以在更广阔的世界里成为变革的推动者。以身作则的领导无处不在。"繁荣"的受益范围很广。

繁荣不仅仅是梦寐以求的，也是鼓舞人心的。如果你成为一个更好的领导者和更优秀的人，你就可以解锁在你周围创造人类繁荣的潜力。成功接受过教练指导的好处之一是，你无疑拥有了更好的与人交流的工具，不仅在办公室里，在办公室外也是如此。

人际互动需要人际关系。我们很早就说过，教练和商业都需要人与人的互动。这同样适用于生活中的所有互动——与他人的互动，与周围环境的互动，甚至与我们自身的互动——这些人际关系构成了成长的基石。你一直处于一个不断交换反馈和看法的动态中。当你学会如何以一种健康的方式参与这个过程时，你就为人们创造了一个扩展、改变的空间。回顾我们过去的经历，我们大多数人都同意，无论是小转变还是大转变，都是人际互动的结果。这在生活中当然是正确的，而且指出这些例子可能更容易。在商业中也是如此，尽管许多商业领袖可能看不清楚这一点，因为他们正处于崛起阶段，而不是繁荣阶段。这是可以理解的，也是意料之中的。我们在与数百名高管共事的过程中观察到，从本质上讲，他们的挣扎归咎于人际关系。社交互动和人际关系是商业的驱动力，深深根植于任何组织的脉搏中。领导者的首要任务之一是处理各种形式的人际关系。在生活和商业中，很少有事情发生在以社交互动和人际关系为中心的环境之外。领导者必须做出艰难的决定，这就是领导力的本质。有时候，领导者需要收紧合作关系，而不得不裁员节流。这些往往是领导者面临的最具挑战性的情况。繁荣型领导并不意味着没有痛苦或挑战，但它确实意味着领导者拥有面对这些挑战的工具：一套强大的价值观、情感勇气和对他人的人性尊重。我们还提出如下假设：任何领导者都不应该孤军奋战。

传说中，领袖们是孤独的骑手，骑着他们的坐骑穿过灌木丛，但这一传说早已被世人遗忘了。你可以通过教练活动了解到领导力是一个集体项目。著名思想领袖约翰·麦克斯维尔（John Maxwell）有一句关于当今领导力的有趣格言："一个人认为自己是领导者，但他没有追随者，那他充其量也只能算是在独自散步。"我们之前说过，别人听到的比领导者说的更有意义。除此之外，我们还补充一点，领导者所做的事情，以及他们所做的事情影响他人的方式，也比领导者说的话意义更大。

拥抱他人是开启"繁荣模式"的先决条件。人类的繁荣每次都发生在一段关系中，每个人都贡献自己的力量和经验来加强另一个人的成长。在某种程度上，这是一种循环的、同步的、发生在我们周围的互惠互利景象。

一瞬间的涨潮是肉眼看不见的。但是，如果你暂且离开海岸，几个小时后再回来，你就能看到发生在整个海岸线上的巨大变化。繁荣的人际关系对组织、行业、家庭甚至世界的影响也是如此。

你可以采用"繁荣"思维模式，有意识地帮助你周围的人进行自我提升。不仅在办公室里，在办公室外也是如此。你之所以能做到这一点，很大程度上是因为你从教练那里学到的技巧，你可以把它们转授给其他人。

如果你接受了正确的教练，你就是那颗被人扔进池塘的鹅卵石，可以激发涟漪效应。简单地说，我们已经注意到，那些改变自己的人，反过来也能改变别人。这是个不错的人生目标，不是吗？但是，要想让"繁荣"真正发挥它的魔力，你所设想的改变必须来自你的内心。在接下来的章节中，我们的目标是澄清不同的成长途径，在我们看来，这些途径通往的人生巅峰就是"繁荣"。

我们的目标不是说教，而是分享一种对工作和生活的看法，这种看法被反复回馈给了我们自己和我们周围的人。那些认为我们的目标过于令人兴奋的人，在决定完全合上这本书之前，可能仍然想在接下来的几页里探听点儿什么，但我们保证，如果他们这样做了，我们不会感到被冒犯。

我们希望你能加入我们。我们已经知道你在做伟大的事情，在世界上留下了印记。我们迫不及待地想看到"繁荣"将如何推动你走得更远。

奋斗型、取悦型、崛起型、繁荣型

为了更好地理解我们心中最强大的领导力思维模式，我们将研究四种不同的领导风格：奋斗型、取悦型、崛起型和繁荣型。这四大类型并非一定是彼此孤立的。领导者可能会在其职业生涯的不同阶段改变管理策略。

鉴于我们在本章中已经传授了大量的信息，下面我们首先从较高的层次来说明每种领导方法的作用。

　　接下来是一个 2×2 的网格。横轴有两个元素："我"在左边，"我们"在右边。这里指的是领导者的观点要么以自我为中心，要么以人际关系或团队为中心。纵轴也有两个元素："提取"在底部，"扩张"在顶部。这表明某个领导方法是会提取（减少）组织的价值还是扩张（增加）组织的价值。当我们代入这四种领导方法时，结果如图 8-1 所示。

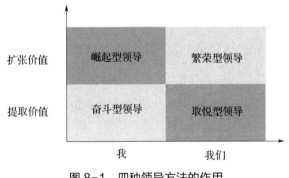

图 8-1　四种领导方法的作用

　　从图 8-1 中我们可以看到，奋斗型领导植根于一种自我寻求的努力，不断为自己实现目标，优先考虑自己，而不是旅程或旅途中的同伴。该类型的领导者往往不知道如何招募一个有价值的团队，也不知道如何很好地领导团队，所以他们几乎没有成长。从组织中提取价值可能是由于协作不力和士气低落。

　　虽然取悦型领导涉及值得称赞的集体视角，但低效和持续的自我牺牲可能会导致领导者付出代价，并从个人和组织中提取价值。

我们看到崛起型领导也有一个以自我为中心的特点。但是，该类领导者知道如何为他们的组织创造价值。他们创造这种价值的驱动因素是最终进入责任或权力更大的职位。

选择繁荣型领导的领导者注重团队和组织的集体健康，并能够规划出为组织扩张价值的路径，同时优先考虑自己及其发展轨道上的其他人。繁荣型领导在本质上具有扩张性和生长能力。

现在，让我们对每一种领导方法进行展开论述。

奋斗型领导

一种常见的领导方式是我们所称的"奋斗"。奋斗是指做出强大的、持久的努力来实现目标、达到目的或克服挑战的行为。它涉及奉献、努力工作和追求目标或雄心的毅力。人们可能会为个人成长、事业成功或生活中的各种成就而奋斗。这并不一定是消极的，因为它的根本驱动力是决心。然而，当决心是唯一的驱动力时，它可能会变得消极，表现为不健康甚至有害的方式。

例如，如果有人被描述为"总是追求更多"，我们可以将其解释为一种积极的特质，展示了他们的雄心和动力。另一方面，如果无节制地追求变得比享受成功更重要，奋斗可以迅速成为一种有毒的管理风格。如果你的团队不断收到的信息是：你只关注你自己，你认为他们所取得的成就永远不够，那么，他们可能会感到筋疲力尽或对他们的工作不满意。简而言之，我们认为奋斗型领导风格的负面特征之一是不断追求自我服务，总是感觉自己得到的回报永远不够。

这种领导方式通常把责任阶梯的攀爬过程视为一种零和游戏，我上，你就下。在奋斗型领导风格中，重点是"我在做什么""我想要什么""我将如何晋升"。其他类型的领导者在头脑中考虑的是集体的"我们"，具有奋斗型领导风格的领导者关注的是个体的"我"。

奋斗型领导在许多企业环境中都很常见，这种领导风格会附带一些危害性，有时对公司没有任何价值，甚至会提取公司的价值。比如，某些单干型领导者会挫伤同事、使生产率下降，这些都是常见的风险。奋斗型领导者在成功的教练活动之后会发现这个现实问题，如果他们希望自己和公司走向繁荣，他们通常会采用我们的第三种领导风格，即崛起型领导风格。

关于奋斗

我们认为，奋斗的特点是无效的付出。有些人可能会花费大量精力，但如果他们专注于不良的目标，就会取得很少的进展甚至没有进展。奋斗是为了个人进步，而不是享受旅程或为了同行者进步。我们以前说过，现在我们再说一遍：合作对于最大化成长和实现改变至关重要。考虑到这一点，你就会明白奋斗为什么不能产生伟大的结果。

奋斗可以用一个经典的比喻来概括，那就是把自己看作是砌砖的瓦匠和把自己看作是教堂建造过程中的瓦匠之间的区别。前者关心的是自己角色应做的工作，后者关心的是自己正在打造什么伟大的东西。

例如，我们的朋友米格尔是一个典型的奋斗者。他在科技行业工作，这份工作足以帮助他支付账单，但在成就感方面几乎没有任何收获。从他到公司的第一天起，他就知道自己的目标是尽快离开。他迫切希望有机会建立和发展自己的公司，自己创造一些东西。这促使他萌生了和朋友一起创业的很多想法。但是，当涉及任何新的商业想法时，他就像飞蛾扑火一样。其中最可行的一个想法是和一个好朋友一起开一家电解质饮料公司。他们采购材料，制作了大量的测试批次，甚至在不同的跑步道上设立了摊位，让跑步者尝试他们的饮料并提供反馈。

米格尔不遗余力地想让生意成功。在他看来，这是他离开美国企业界打工人身份的通行证。但是，任何创业和开公司的人都知道创业有多么困难，需要克服多少障碍。一心一意地关注结果是不够的。你也必须享受这个过程，否则你就无法克服所有的障碍。这就是发生在米格尔身上的事。他的商业伙伴离开了，他意识到他对产品的关心根本不够，不能继续自己的工作。俗话说："热爱散步的人，会比只爱目的地的人走得更远。"

米格尔当时可能不会这么说，但他确实在努力。他是在躲避什么东西，而不是奔向那个东西。"奋斗"很像爱因斯坦对精神错乱的定义：一遍又一遍地做同样的事情，却期望得到不同的结果。对于那些陷入奋斗循环的人来说，想要挣脱是很难的。

米格尔意识到，如果事情保持现状，他就会继续原地踏步，毫无进展。他做出了寻求帮助的勇敢决定。他寻求一位教练的帮助，这位教练支持他为自己创造有意义的生活和事业。

在教练的指导下，他开始在减少工作时间的同时成功地完成了工作。他的贡献得到了认可，并被赋予了越来越大的权力。他在工作和领导团队中找到了意义。他成功地结束了自己的"奋斗"篇章。

但他知道他可以更上一层楼。在教练的帮助下，他的生活发生了改变，他希望其他人也能有同样的经历。所以，他决定自己成为一名教练。米格尔的教练工作在繁荣发展，他的客户也在繁荣发展。这就是一波"繁荣"操作，"繁荣"具有传染性，"繁荣"始于我们每个人。

但是，"奋斗"的精神气质也是无处不在的，而且十分常见。传统上说，销售领域长期以来一直被认为是人们努力奋斗的地方。每一位销售人员都努力成为第一，他们努力击败竞争对手，他们努力超越彼此。亚历克·鲍德温（Alec Baldwin）在标志性电影《拜金一族》（*Glengarry Glen Ross*）中扮演的角色宣称，销售冠军会得到一辆凯迪拉克，第二名会得到牛排刀，第三名会被解雇。此时此刻，他在赢家和输家之间建立了相当明确的界限。

正如我们之前所说，当我们为追求某样东西而奋斗时，我们就是在玩一场需要赢家和输家一起参与的零和游戏，一切都是以牺牲某样东西或某个人为代价的。

作为一名职业销售专家和领导者，安迪发现自己在一些竞争激烈的环境中工作，这种竞争可能是有害的。他记得，在他职业生涯的早期，两名销售人员在销售区域的划分上发生了争执，最终演变成了两名成年男子在停车场互殴。最后，除了他们的名誉受损，他们并没有造成明显的伤害。然而，它突出了"奋斗压倒一切"的破坏性。

安迪的事业在发展，他发现自己越来越不适应传统的销售文化，经常感到格格不入。他想是否有可能抓住每一个机会去不断获胜，并以一种为所有利益相关者创造利益的方式获胜。

因此，他在任何可能的地方都采取了非零和游戏的方法，在伙伴关系方面变得富有创造性，并保持其方法的敏捷性。安迪最有价值的经历之一就是从一位知名客户那里得到以下反馈："这是我有过的最棒的'非强行推销'的购物体验。"

当安迪摆脱了"奋斗"思维模式，转而优先考虑客户与他所销售的产品相关的需求和愿望时，他发现了比以往任何时候都更大的成功和个人的职业满意度。他能够达到并超越他为自己设定的最初的缺乏深度的奋斗目标。他的心态转变让他自己和他的公司都得到了成长，从而提高了他的个人成就感。

总而言之，奋斗者为了自己的利益而索取更多，最终从组织中提取价值。

取悦型领导

第二种领导方式是取悦他人，即管理者会做任何事来讨人喜欢。尽管把"我们"放在首位是人道的、值得称赞的，但也可能存在问题。在最黑暗的情况下，领导者甚至可能牺牲自己的需求或组织的整体需求来满足其他个体的需求。在这样做的过程中，他们最终可能会耗尽精力或失去同事的尊重。如果你总是屈从于别人的要求，你就会被人注意，也许还会被人利用。

取悦他人的冲动可能产生于各种各样的情况，比如，避免冲突、习惯性的优柔寡断，或者拥有阳光般无害的性格。有些取悦他人的人可能就是这样被培养起来的，要么做个孝顺的女儿，要么做个顺从的儿子。我们采访了一个人，她给出了一个完全不同的动机。"我用我自己的经验告诉你什么是取悦别人，"她说，"这是一种迫切需要证明的需求。这是我在大学的亲身经历，也是我在第一份工作中的经历。这是一种迫切需要别人的认可来证明自己有价值的渴望。"

当然，反其道而行，为了出人头地而惹怒他人，可能会适得其反。没有明确的目的而不断地激怒别人，会导致团队士气低落。然而，可以肯定的是，倡导自己和自己的愿景是赢得团队尊重的卓越领导力的关键特征。教练将教会领导者不要在自我宣传中走极端。优秀的教练会鼓励领导者在采取适当的行动之前倾听和学习。这与反复屈从于他人的领导策略完全是两回事。在很多情况下，取悦他人的人为了安抚他人，会故意绕过最有成效的解决方案。最好的情况是，他们可能被认为缺乏执行方向；最坏的情况是，他们会深深落入那些对某些行为的结果有既得利益的人的控制。从长远来看，取悦他人是行不通的，而且，不论从短期还是长期来看，取悦他人的做法往往会提取公司的价值。毕竟，空杯倒不出水，你需要先照顾好你自己。

关于取悦他人

我们可以用各种各样的方式来修饰取悦别人的行为，以此来为之辩护："我只是一个给予者。""我只是喜欢看到别人开心。""我不想显得过于自信。"这些借口通常是一种体面的障眼法，掩盖了其真实面目：为了他人的赞同和幸福而牺牲自己。或者，在某些情况下，这是一种天生的不想搅局的愿望。

请允许我们举一个许多人可能都很熟悉的例子。乔丽在一家公司工作，她被赋予了很多责任，她不知道自己是否真的能胜任这个职位。但是，她的潜意识并没有把注意力集中在她需要完成的基本任务上，而是把她带到了一个不同的方向。相反，她的注意力集中在赢得 20 位团队成员的支持上。每当有人需要帮助或有想法时，她就成为他们的求助对象。

我们想要别人喜欢我们，这是人类心理的一种常态。然而，取悦他人是邪恶的行径，它悄悄向我们走来。乔丽太在意倾听别人的意见，伸出援助之手，以至于她破坏了自己有效完成工作的能力。她的日程变成了应对其他人的需求和请求，而不是完成维持业务运行所需的任务。她已经打开了闸门，不能再关上了。她不想拒绝任何人。当别人感谢她的支持时，她的自我感觉良好。她觉得自己好像成功了。当别人认为她有价值时，她看到了自己的价值。但在内心深处，她都快被情感的洪水淹没了。她不得不工作到深夜，努力完成她的实际工作，这样她就可以从事她喜欢的日间工作，即取悦他人。

取悦他人的狡猾本质就体现在这里。理论上，乔丽从她的同事那里得到了很多反馈。但她的老板知道，她没有按时完成核心任务，也没有充分发挥自己的能力，她本可以做得更好。他的家人当然知道她可以改善自己的心理健康状况。

乔丽的出路是什么？她得认识到最重要的关系是她与自己

的关系。空杯倒不出水，她需要先照顾好她自己。唯一可持续
的解决方案是了解自己的界限并尊重边界感。只有这样，她才
能学会尊重自己，并最终以一种富有成效的、支持性的、全面
的方式回馈她的组织和家庭。

总而言之，取悦他人的人往往会以牺牲自己为代价，为他
人的利益付出更多。最终，他们将提取组织的价值。

崛起型领导

第三种领导方式代表了通过攀登公司阶梯来实现职业发展
的传统。崛起型领导沉浸在等级制度的模型中，是我们从一直
以来的工作方式中继承下来的。该类型的领导者把自己刻进模
子里，以任何必要的方式塑造自己，以便达到下一个成功的里
程碑。在公司里获得成功通常是综合努力的结果，包括辛苦的
工作、出色的表现、忠诚的奉献、领导力技巧以及与合适的人
建立联系。这些领导者为了获得晋升，到达拥有更大的责任或
权力的位置，并获得更多的决策权，在竞争环境的范围内吸引
他们的上级领导。

他们知道自己需要做什么才能达到更高的水平，他们组织
自己和其他人来实现这一目标。由此产生的"掌舵老手"的品
质扩大了公司的价值，因为他们引导组织中的每个人了解自己

所处的位置，并以有序的方式执行他们的任务。

尽管如此，"崛起型领导"和"奋斗型领导"有一个共同的特点：这两类领导者很可能不会带着别人一起往上爬。他们可能会以牺牲其他人为代价而崛起，但也不一定如此。然而，这些领导者在爬到山顶的时候还会重点强调"我"。虽然这类领导者扩大了组织的价值，但其他人的显著改善是环境的副产品，而不是他们有意努力的结果。

关于崛起

阿里在很年轻的时候就开始雄心勃勃地创业了。他知道如何在他所努力的任何领域中赚钱。他所在学院的一位院长在他大四的时候找了一位朋友来指导他，并支持他从一个独立创业者成长为一名领导者。阿里的导师回顾了他的背景，对他的思想和成就印象深刻。显然，这个年轻人是一个天生的推销员和市场营销人员，只要给予适当的指导，他就有潜力在这一领域大有作为。他们打了个电话，认识了彼此，最终成为朋友。

阿里是一个典型的奋斗者。他会把自己描述成一只独狼，喜欢用"杀什么吃什么"这样的表达来描述自己的商业方法。公平地说，奋斗的方法对他很有用。他挣了很多钱，工作很努力，同时还让自己的日程安排很有条理。他极具创造力，他的想法是振奋人心和创造价值的奇妙结合。客户都很喜欢他，他也带来了大量的回头客。但他也会挣扎，作为一个奋斗者，他的整个业务专注于他自己和他如何提取更多的价值。由于他为客户创造了大量有形和无形的价值，他们很乐意支付高价与他合作。不幸的是，对于他雇佣的那些总是兼职的人来说，情况就不一样了。他付了最少的钱，他们很快就把钱花光了，终究落得个曲终人散。他无法组建一支稳定的团队。

但阿里并不只是一个独行侠，所以他和他的导师讨论了提取价值和扩张价值之间的区别，讨论了试图在今天获得最大价值和在未来创造最大价值之间的区别。他们考虑了组建团队和培养人才的价值。他对采取行动持开放态度，但却很难接受改变和意见。对于像他这样聪明而富有创造力的人来说，这可能是一种常见的挣扎。他雇了一些愿意为他工作的优秀年轻人，而他在指导方面也很出色。生意越来越好，他也在崛起，成长为一个领导者，不仅关注自己的成功，也关注公司的成功。生意翻了一番又一番。

但公司的发展是有限制的，这个限制就是阿里无法接受改变和意见。他的导师致力于为团队的其他成员创造空间，让他们分享想法，并将他们的观点带到工作中，但他们仍然渴望更多，而阿里很难为他们创造空间。他总是抵制反馈，而且，为了维护自己的想法，他经常会咄咄逼人地反击。他继续在经济上取得成功，但即使他正在崛起，公司也在成长，团队却没有感受到同样的好处。说到底，阿里是孤独的。

阿里的导师向阿里展示了一个机会，那就是"繁荣"，但他拒绝了。如果他接受了，他就能够继续扩大他的公司，实现他的目标，同时丰富他周围人的生活。相反，他拒绝接受意见，当然也不愿意为自己的行为负责。很快，他的团队的主要成员利用自己的技能创办了自己的企业，从事与阿里类似或相近的业务。不幸的是，阿里的公司很快就被认为是一个糟糕的工作场所。一些重要客户转向了其他的供应商，因为后者的团队能够更好地支持客户利益。阿里的决心和创造力使他获得了成功，但却不能使他的领导能力上升到下一个层次，在这个层次上，他领导和激励团队的能力是成功的关键。他已经达到了崛起型领导的水平，这为他提供了足够的经济成功，让他可以早早退休。但他自己不愿意接受别人的意见，也不支持他们的进步，这意味着他永远无法达到繁荣型领导的水平，从而使他能够创建一个持久发展的企业，保持令人满意的人际关系，并将业务扩展到超出他的能力范围。

总而言之，采用崛起型领导的领导者会为自己的利益创造更多。虽然这种领导方式最终会扩大公司的价值，但这种领导者以自我为中心的本质会阻碍公司的长期发展。

繁荣型领导

现在我们介绍第四种也是最后一种领导方式，它可能与其他三种方式不同。毫无疑问，采用繁荣型领导的领导者会为公司创造价值。繁荣型组织的特点是拥有敬业和满意的员工、强大的团队合作，鼓励无限创新，注重高生产力和整体组织的成功。员工有一种归属感和使命感，他们能够在一个支持和培育的环境中充分发挥自己的潜力。采用繁荣型领导的领导者对自己以身作则的领导能力充满信心，他们会邀请其他人一起讨论尚未解决的业务挑战。他们会邀请所有主要利益相关者加入讨论，不管他们的才能和观点有多么不同。"繁荣"是通过邀请人们自我管理和用自己的方式解决问题来体现的。领袖们不再像摩西那样，带着十诫从天而降。相反，他们是合作者，热衷于征求他人的观点。

"繁荣"的载体是"我们"，而不是"我"。我们携手同心共繁荣，我们不可能作为一个独自攀爬等级阶梯的人达到这种领导水平。我们之前说过，繁荣的基础品质首先必须来自于内在，我们坚持这一信念。可一旦你完成了内在的转变，不需要很长时间，这种繁荣就会蔓延。你是被人扔进池塘的那颗鹅卵石。我们希望你能花点时间惊叹于你所产生的影响。

关于繁荣

这有一个典型的例子：休伯特·乔利经历了非常积极的变化，最终成为繁荣型领导的一个伟大榜样。休伯特毕业于知名的两所商学院，即巴黎高等商学院和巴黎政治学院，他的职业生涯始于一家领先的全球管理咨询公司，并迅速晋升为合伙人。随后，他担任了一系列领导职务，证明他有能力超越他人，带领公司走向成功，让投资者开心。休伯特说，他在这些著名学府的经历让他相信，成为房间里最聪明的人很重要。他认为他所带来的价值在于为手头的问题提出正确的答案。这对他很有效，直到他遇到下一个挑战。

当休伯特担任卡尔森公司的首席执行官时，他决定与马歇尔合作。他非常乐于学习，并认为这是一种从变得有作用到变得更好的潜在方法。

离开卡尔森后，休伯特接受了担任百思买首席执行官的挑战。当他接任首席执行官时，没有一个分析师推荐"买入"该公司的股票，这是一个非常糟糕的迹象。所有的建议都是减少员工人数，解雇员工以降低成本。

当休伯特在卡尔森接受教练指导时，他很喜欢从 360 度测评报告中收到的所有股东的积极反馈。他非常聪明和敬业，表现出最高水平的诚信，并有丰富的业务知识。但一开始，他对负面反馈感到苦恼。作为他的教练，马歇尔帮助他处理负面反馈，并引导他去积极寻求帮助。休伯特欣然接受了这个过程。最后，他最喜欢的一句话变成了："我叫休伯特，我需要帮助。"

他认识到，他想成为最聪明的领导者的目标被高估了，为其他人创造良好的成长环境才是成功领导的关键。休伯特讲述了这个故事："作为领导者，我们往往倾向于关注一个想法'是什么'。但关注'为什么'和'怎么做'会更有趣。怎么做才能让百思买扭亏为盈的问题涉及的是与'削价削价再削价'策略相反的效果。我们采取了一种非常以人为本的方法，从听取一线人员的意见开始。"

为了支持这项工作，休伯特在明尼苏达州圣克劳德的一家百思买商店工作了一段时间。他问一线人员："是什么在起作用？什么不起作用？你需要什么？"他的工作很简单，就是提出问题并做笔记。最终，休伯特听从了员工们的建议。一线人员知道所有问题的答案，休伯特所要做的就是倾听。

这也关系到高层团队的重塑问题。由于涉及扭转局势，裁员是最后的手段。他还学了一个新词，那就是"裁心"，一个员工一颗心。对休伯特来说，裁心比裁员更残忍。

用休伯特自己的话来说："领导力始于弄清楚你是谁，你想成为什么样的领导者。归根结底，企业是一种人类组织，由为了追求一个目标而共同工作的个人组成。这才是最重要的，同样重要的还有将工作视为人类有目的的创新努力。这是追求崇高目标的理念，以人为本，拥抱所有利益相关者，并将利润视为结果。认为领导者是无所不知的超级英雄并告诉别人该做什么的想法并不那么有效。明确你的目标、你的原则，并被我们从未在商业中使用的词语所驱动，如真实性、谦逊、同理心、人性。这些都是非常重要的词语。"休伯特·乔利在他的畅销书《商业的核心》（*The Heart of Business*）中记录了他的历程，如今，他作为哈佛商学院的教授，在向采用繁荣型领导的领导者转变中获得了成功，并传授了这些经验。

总而言之，繁荣型领导为所有人创造更多的利益。这类领导者为他们的组织、利益相关者和他们自己的成功而投资，同时认可和引导自身对世界产生的影响。

崛起与繁荣

如果你已经读到这里，你可能已经知道自己属于哪一类领导者了。这一发现可能让你不舒服，也可能是有益的。也许这根本不是什么启示，而是对你是谁或你希望成为谁的一种保证。事实上，我们遇到的大多数在成功前接受教练的优秀领导者都属于崛起型的。我们必须强调，大多数采用崛起型领导的领导者都是聪明的、有能力、有爱心的人。但是，他们可能还没有意识到自己的全部潜力，或者他们对周围的人产生活跃的、积极的影响的能力，而不是产生中性的或不知不觉的消极影响。

在教练活动开始后不久（或者在阅读这本书的过程中），这些领导者可能会看到繁荣型领导是如何真正地提升我们所有人的。他们可能会开始概念化自己的"繁荣"是什么样的，并制订一个实现繁荣的计划。正是在这个时刻，成功的高管教练活动的不可动摇的真正力量才得以充分体现。更进一步说，那些首先变成可教练型领导者的人使这一刻变得更加可能。

考虑到所有这些，我们制作了表8-1，对两种广泛使用的领导方式（崛起型和繁荣型）的区别进行了介绍。这两种领导方法都不坏，但我们认为，繁荣型领导更好。

表8-1 崛起型和繁荣型的区别

崛起型领导	繁荣型领导
我	我们
零和游戏	非零和游戏
竞争	合作
成功第一	人际关系第一
个人主义	集体主义
符合标准	为己所见
获取价值	创造价值
加法级别的增长	乘法级别的增长
分等级	民主/平等主义
集中	分散
奖励/自尊心驱使的	目标驱使的
机械主义	人文主义
死板僵化	适应性和扩张性强
强加的、外部的公平	每个独特的人都有自己需要的东西
"这就是我们需要你做的"	"你想贡献什么？"
有一些生产能力	保证有生产能力

现在我们转向通往繁荣型领导的道路。你不仅可以通过在教练活动中学到的经验教训来铺就繁荣大道，还可以通过你在情绪激动的时刻做出的决定来让繁荣景象出现。我们称这些时刻为"岔路口"。

岔路口

当一个人在领导力上提升时，前方的道路是最重要的。挑战来自四面八方，迫使你努力保持自己的前进方向。在漫长的职业生涯中，你往往很难知道自己是在努力奋斗、取悦他人、自我崛起还是繁荣发展。这是可以理解的。前进的压力、逗乐当红人物的压力容不得你从容自省。

然而，你可能偶尔会从后视镜中看到一些你当时没有看到的东西。那一刻有什么东西促使你做出改变，迫使你做出决定，促使你以一种方式而不是另一种方式行事。有些事情使你改变了你的领导方式。那一刻你站在人生的岔路口。那时候，在匆匆忙忙中，你可能不会问自己："我是在为别人服务，还是只为我自己服务？"但是，在决定走哪条路的时候，你可能已经考虑到了别人的担忧。这可能会让你迈出从"我"到"我们"的第一步，即从优先考虑自我到优先考虑团队。

现在我们来描述三个这样的岔路口，每个岔路口都有不同的路径供你选择。

语音留言

2006 年，当艾伦·穆拉利辞去波音公司首席执行官一职，出任福特汽车公司首席执行官时，他知道将面临挑战。该公司当年预计亏损 170 亿美元。领导层正在苦苦挣扎着面对这些问题，而且没有办法掩盖这些问题。公司正处在一个岔路口，需要寻求合作的机会。下面是艾伦讲的故事。

刚到福特公司时，他注意到《底特律新闻报》（*Detroit News*）上每天都有一篇记者布莱斯·霍夫曼（Bryce Hoffman）写的文章。这些文章都是关于福特的生产问题、劳资关系、骚扰或质量问题的可怕报道。艾伦注意到，每篇文章都清楚地描述了细节。于是，他把其中一篇文章拿给他的领导团队，问他们是否看过这些文章，以及这些信息是否属实。领导团队对这两点都做出了肯定的回应。

艾伦明白，福特公司有很多事情需要解决，因为他们计划在这一年亏损一大笔钱。但最让他感兴趣的是，记者获得这些信息的唯一途径是福特公司有员工打电话给媒体分享这些故事。艾伦再次向他的领导团队询问如何解决泄密问题的建议。其中一位领导建议，找出那些向媒体爆料的员工，让他们当众出丑。这位领导认为，这会对其他人起到杀鸡儆猴的作用，这样，泄密的勾当就不会再继续了。

艾伦立即拒绝了这个建议。相反，他打电话给记者布莱斯，问他是如何得到如此准确信息的。艾伦唤起了这位底特律记者对福特公司的喜爱之情，他说："我们彼此不认识，但你知道我为什么在这里。只有一个原因，即帮助拯救这个组织，为了所有利益相关者的利益和更大的利益，创建一个有望成功的、有利可图的、不断成长的公司。所以，请相信我，因为我需要了解发生了什么。"

布莱斯告诉他，他只是每天早晚听取电话答录机里的留言。所有的故事都在那里。每个打电话的人都会留下详细的信息，包括他们的姓名和电话号码，并邀请他在需要任何信息或澄清时打电话。布莱斯提醒艾伦，福特的员工知道公司将会损失 170 亿美元。他们知道存在的所有问题。他们认为公司的领导层对此并不知情，因为如果领导层知道了，肯定会做些什么的。在福特工作了好几代的家族眼睁睁地看着公司走向衰败，而领导层却没有解决这些问题。所以，他们最后的办法是打电话给布莱斯，通过语音留言的方式讲述他们的故事，希望布莱斯能听到他们的心声。

艾伦已经知道，要想扭转公司的颓势，他需要让所有员工都参与到解决方案中来。这种情况促使他解决这些问题，并开始在整个公司实现信息的自由流动。艾伦树立了公司高层的榜样，他把征求员工坦诚的反馈和见解作为自己的使命。他让人们知道，分享公司问题的信息是受欢迎的，甚至会受到高层管理人员的赞扬。这些问题变得可见，员工可以看到它们正在得到解决。员工的情绪开始转变。这么长时间以来，他们第一次有了一些希望。

两个月后，负面的报道没有了，布莱斯开始写更多关于公司转型的文章。艾伦很想知道发生了什么，他打电话问布莱斯："为什么没有更多关于福特公司问题的文章了？"布莱斯回答说："艾伦，我的电话答录机里再也没有留言了。"

艾伦回忆起那段时光："想一想吧。每周这些信息都会在组织中上下流动。每个人都知道这些问题。一线员工都是先知道的。但领导们不知道，因为他们不想听。但在我们新的开放式反馈政策下，他们什么都知道了。他们被迫看到问题所在，公司也因此变得更好。已知的问题就是珍宝，你可以对它说'谢谢'。一旦每个人都知道你面临的是什么，你们就可以共同解决问题了。"在共同克服问题的过程中，公司、员工和所有利益相关者都可以走向繁荣。他们就是这么做的。

肥皂瘦身的故事

安妮塔是一家跨国消费品公司的高管，她遇到了一个问题。她不断收到报告说，他们的个人卫生用品，也就是肥皂条，在发展中国家的某些地区卖不出去。非洲农村的小售卖亭售卖可口可乐和薯片，却不卖肥皂。这不仅是她的组织面临的一个问题，而且对全球健康产生了影响。肥皂是卫生和公共健康的必需品，也是世界上最贫困人口幸福生活的基础。然而，安妮塔的产品在分销业务中一直未能走完所谓的"最后一英里"。他们的肥皂出现在城市，但没有出现在农村。

这位高管调查了该公司在这些国家的员工，并要求他们"找出造成滞销的原因"。她几乎马上就收到了答案。例如，撒哈拉以南非洲地区的售卖亭经营者报告说，他们只售卖能卖出去的东西。他们知道他们的客户根本负担不起家用特大号肥皂块。所以，安妮塔说服了他们的制造部门缩小肥皂的尺寸，这样，消费者就可以在预算不紧张的情况下购买了。这种变化的效果很快就显现出来了。她的公司生产的肥皂的销售额上升了，人们得到了有益的日用品，双赢！

安妮塔懂得了从消费者的角度看问题的价值。她意识到这个概念具有改变生活的潜力，她知道自己需要做出决定。她可以继续在公司工作，沿着公司的阶梯往上爬，承担更多的责任，但远离那些对人们的生活产生切实影响的问题。或者，她可以冒险尝试在更广阔的世界里做类似的事情，而不是局限于她所在组织的围墙之内。安妮塔没有选择通过晋升来提升自己的地位，而是选择了冒险，以实现繁荣为目标。她创立了一个倡导企业公民责任的组织。如今，安妮塔和她的团队建议全球品牌更加关注消费者，无论他们身在何处都要满足消费者的需求。她的社会影响力持续增长，这一切都是因为那个"肥皂瘦身"的岔路口。

反思

不到十年前，本书的合著者杰奎琳还是得克萨斯州一家油气公司的高潜力管理人才。她得到了良好的指导，也很受欢迎，并且在晋升的道路上顺风顺水。

然而，在她甜美的成功之歌中也有一些不和谐的音符。当她的工作需要把利润最大化凌驾于其他一切之上时，她的内心感到不安。这真的是让世界变得更美好的方式吗？有一次，该公司手头有太多高度精炼的产品无处存放或销售。销售团队认为，最好的商业决策是以最低价格出售，用于非洲的高污染发电，这就是她奉命协助促成的事情："烧掉比充斥市场要好。"

还有其他问题困扰着杰奎琳。她目睹了该行业的几轮裁员。当市场状况发生变化时，拥有数十年经验的忠诚元老们被解雇了。她意识到，该行业所谓的可持续性可能更准确地描述为合规，即尽最小努力遵守法律法规。只有在短期内削减成本或增加利润的情况下，才会实施具有可持续性的项目。毕竟，公司要优先考虑利润，还要取悦股东。

她的岔路口是以梦境的形式出现的。在梦里，她老了三十岁，稳稳地坐在角落里的办公室里。当她看到自己在窗户里的倒影时，她环顾四周的木镶板。她认出了中年的自己，现在是一个经验丰富的专业人士，已经达到了自己的目标。但她看得出来，梦中的她眼睛里已经没有了那种光芒。她看起来更老了，但没有更聪明。她正处于事业的巅峰，却被击败了。她对自己经常在内心斗争中输掉的情况感到厌倦。一路走来，她妥协了价值观，因为她做了必要的事情来获得创造真正变革的权威。但她知道，她已经不再在乎当初让她踏上这趟旅程的那些东西了。"崛起"对她的价值观造成了致命的打击。然后她意识到这个代价太高了。

短短几个星期，她辞掉了工作，加入了百位教练社区的队伍。后来，她发现了戴尔·温伯罗（Dale Wimbrow）在1934 年写的一首诗，最初的标题是《镜中人》（*The Guy in The Glass*），这首诗捕捉了她的经历：

当你在自我奋斗中达成心愿，
当世界让你当一天国王，
请你走到镜子前瞧瞧自己，
聆听镜中人的肺腑之言。

别人对你的审判必定烟消云散，
因为他们不是你的父母或糟糠，
那个从镜子里凝视你的人，
才会做出你一生中最重要的判断。

取悦他吧，你不必多想，

因为他会陪你所向披靡，走到生命的终点，

如果你和镜中人做朋友，

你会通过最危险、最艰难的考验。

也许你就像儿歌里的杰克·霍纳，馅饼里翻出个李子干，

瞧瞧我，多能干，

镜中人说，如果你不敢盯着他的双眼，

你就只是个流浪汉。

时光荏苒，你可以骗过全世界，

你所到之处赢得掌声一片，

但如果你欺骗了镜中人，

最终回报你的只能是心痛和泪眼。

　　她的岔路口不仅仅是一个新的方向，也是一次"视角的转变"。这是一个膨胀性生长和选择走向繁荣的机会。在这种关键时刻，领导者的眼光超越了自己，甚至超越了自己的员工，他们开始看到自己的商业决策对更大的世界产生的影响。

　　在最后一章中，我们将讨论"繁荣"的波及面以进一步充实我们所倡导的内容。事实上，我们不仅称呼"你"，而且称呼"你们"。

⧗ 执行摘要

四大领导风格

一个领导者从一次成功的教练活动中获得了可转授的技能，并可以将他们习得的行为应用于所有领域，而不仅仅是商业。反过来，一个人不仅可以成为一个更好的领导者，而且可以成为一个更好的配偶、父母、公民、社区成员和更广阔世界变革的推动者。繁荣型领导风格最具影响力，它包括扩大组织价值的概念，以及在自己的轨道上提升他人的愿望，这类似于水涨船高的原理。当我们走向繁荣的时候，繁荣景象折射在了各种方向和维度上。

可教练型领导分为四种类型：奋斗型、取悦型、崛起型和繁荣型。

- 采用奋斗型领导的领导者关注自身的利益，最终从中提取价值。奋斗的重点在于攀登顶峰，这是一场零和游戏。
- 采用取悦型领导的领导者会为他人的利益付出更多（通常以牺牲自己为代价），最终从中获取价值。取悦他人的行为可能是有害的，因为领导者会为了他人的利益牺牲自己的利益。
- 采用崛起型领导的领导者为自己的利益创造更多的东

西，尽管他们努力的副产品为组织创造了更多的价值。"崛起"是提升企业等级的传统方式，值得称赞和尊敬。但它可能会让其他人落在后面，这一切都是为了帮助领导者攀登高峰。

- 采用繁荣型领导的领导者为所有人创造更多的利益，包括他们自己、他们的同行、他们的公司和他们的世界。"繁荣"的范围延及组织中的每个人，也就是领导者生活中的每个人。分享、开放和同情是繁荣的特点。

岔路口是领导者决定前进方向的时刻。它通常出现在情绪激动的时候，通常事后才会被分析出来。在每一个岔路口，你可以检查你当时采用的领导方式，并决定它是否会为你和你周围的人提供最好的服务。

第九章　我们共赴时代之约

合著者们的三方会谈

在写这本书的最后阶段，我们决定坐下来，进行一次关于教练和"繁荣"的自由对话。我们知道，这对一本书来说是一种非传统的形式。但我们发现，本书创作过程中最令人振奋的方面就是我们彼此之间富有洞察力和精力充沛的对话。这些对话很快成为我们的最爱，我们发现自己渴望我们的读者也在场。在本书中，我们讲述故事，解决问题，并拓展领导力的其他方面。

我们邀请你参与到这场正在进行的对话中来。在本章的最后，我们提供了一个链接，供大家分享自己的想法和经验。欢迎加入我们。你可以把这个数字平台看作是"繁荣"的一个例子，我们希望许多人能在这个平台上为共同利益做出贡献。

这段对话发生在纽约的一个春日里，为了简洁明了，我们对其进行了编辑。

上午

斯科特：马歇尔参加的一个名为"设计你热爱的生活"的研讨会激发了"百位教练社区"的想法，该研讨会由艾瑟·伯塞尔主持。在研讨会上，他发现自己想要像他的偶像彼得·德鲁克和弗朗西斯·赫塞尔本那样，把教给人们他所知道的一切作为自己的毕生事业。

我也参加了这个研讨会，并得到了类似的启示。但我心目中的英雄并非世界级的管理思想家，而是离家更近的人，即我的外公卢·康斯波尔（Lou Konspore）。我和他很亲近，可惜，我十岁那年，他去世了。我一直想在我的生活中效仿他，尽管直到我听到这个故事，我才意识到这意味着什么。

1916 年，12 岁的外公和他的祖母、母亲、哥哥、妹妹一起从俄罗斯来到康涅狄格州。他的母亲再婚了，他很快就搬出了家，找了些他能找到的工作，直到攒够了钱开了自己的文具店，后来变成了一家男士用品店，出售各种男士饰品。当高速公路穿过城镇时，他的商店被征用了。他毫不气馁，在斯坦福德的夏日大街开了一家新的零售店。那是一家名叫"卢·康斯波尔"的男装店。

当我还是个小男孩的时候，我经常去他的店里拜访他。我看到他是如何以极大的尊重和爱对待每一个走进来的人，不管他们是否从他那里买东西，他都会以礼相待。他曾经告诉我，他有多热爱他的工作。他热衷于给男人穿上西装，给他们信心和尊重，提高他们在别人眼中的地位，最重要的是，让他们欣赏他们眼中的自己。人们走进商店，很兴奋见到他，离开商店时也对自己兴奋不已。

他母亲的第二任丈夫是一名教师，他的工作是辅导拉比，并教学生学习犹太教法典《托拉》。其中一个学生是来自怀特普莱恩斯的名叫乔的年轻人。最终，乔成为一名拉比，并在斯坦福德的东正教社区找到了一份工作。有一天，我的外公去他母亲家拜访，遇到了乔。他得知乔得到了一个很有声望的新任命。但随后，他以他经验丰富的眼光，小心翼翼地观察了乔的破旧西装，于是他问乔在新官上任那天打算穿什么。当然，这位年轻的拉比没有多余的钱来买一套西装，所以他说，他将穿着他仅有的一套西装去领导会众。我的外公毫不犹豫地带他去了商店，给他选了一套合身（双关语）的衣服，既适合他的身材，也适合他即将承担的角色。我的外公没有向乔收取那套衣服的费用。外公认为他的职责是让人们把工作做到最好，这是天职。

那是我外公的典型故事。他深受顾客的喜爱，因为他爱他们。他抬举了他们，他们也抬举了他。他从不想成为富人，但他是我认识的最富有的人，从不索要任何东西，总是愿意帮助别人。他是当地志愿消防部门的消防队长，他们买了闪闪发光的白色消防车放在消防站，他为此感到非常自豪。他是我的英雄，因为他是采用繁荣型领导的人的榜样。他是我写这本书的灵感来源。

但故事并没有就此结束。人们亲切地称乔为"乔拉比"，他接下来的职业生涯也非常辉煌。我和他一起去了以色列，这是我一生中最鼓舞人心的一次旅行。他在节日期间的布道充满传奇色彩，充满激情和挑战，令人振奋不已。他是一个豁达的思想家。刊登在《斯坦福德倡导者报》（*Stamford Advocate*）上的乔的讣告最恰当地表达了这一点："他的许多成就包括与教皇约翰·保罗二世（Pope John Paul Ⅱ）会面八次，他正在进行的工作是将犹太人和天主教徒更紧密地联系在一起，1978年应埃及总统安瓦尔·萨达特（Anwar Sadat）的邀请，前往开罗和耶路撒冷进行和平朝圣。1985年，他被任命为联合国非政府组织美国犹太教堂理事会的代表，并于1993年在圣心大学共同创立了基督教 - 犹太教理解中心（The Center for Jewish-Christian Understanding）以促进人权。"换句话说，他很擅长他的工作，千真万确，但他工作的核心不仅仅是一系列的成就。这是他在许多人的生命中留下的印记，包括我自己。

"繁荣"是我们提升周围的人，乃至周围的人提升他们周围的人的一种领导方式。我们不知道哪一套衣服会让某人度过美好的一天，哪一套衣服会在重要旅程中的第一天派上用场。当我们将"繁荣"作为我们的领导力模式时，每一次互动都将成为我们大家都需要的成长机会。

杰奎琳：我喜欢这个故事，我知道它如何引导你和你的行动。当我们走向繁荣的时候，我们不知道什么时候和谁一起会产生最大的影响，这并不重要。我们对待每一个人，就好像他们可能是那个对世界产生最积极影响的人。听起来你的外公和乔拉比每天都这么做。这是一种多么慷慨大方的方式啊！

既然说到长者的智慧，我就给你讲一个我自己的故事吧。在度假的时候，我和我丈夫遇到了一对 90 多岁的老夫妇，他们分别叫查理和洛丽塔。

我们计划和他们一起吃午饭，但查理出现了意料之外（但不严重）的健康问题，需要去紧急护理。我们主动提出开车送他们，因为那天是星期六下午，我们有幸在候车室一起度过了好几个小时。最后，我们进行了一次精彩而深刻的对话，内容是什么让生活变得有意义。从此，我们与这对老夫妇建立了美好的联系。

在我们彼此混熟之后，查理分享了他心中的一件事："我一直在想这个问题。我们这辈子能带走什么？有一件事，而且只有一件事，那就是我们的人际关系。我们的人际关系远远超越了今生今世。我们的人际关系其实是永恒的。"当他说"我生命最后几年的目标是专注于丰富人际关系"时，我们都沉默了。

真的很美。对我来说，这绝对是一个改变游戏规则的时刻：从一个即将结束人生旅程的人那里得到这样的反思，并在我 20

多岁的时候把它融入我的生活。

斯科特：这个故事听起来很真实，因为你是一个非常重视人际关系的人。我喜欢他的见解，他认为人际关系可以超越我们的年龄。我想补充一点，人际关系还可以超越我们当前的朋友圈。我们每个人都记得并相信许多重要的人，他们活在我们的记忆中，并指导我们的行动。我们希望在我们的旅程中对他人产生积极的影响。我可以想象你在希腊为难民所做的工作，肯定会留在你遇到和帮过的人们的记忆中。想一想，有许多过去版本的你永远活在别人的脑海里，这是多么强大！

"人际关系的持久价值"是超越了时间和空间的洞见。这就是为什么"繁荣"是一个如此重要的概念，因为这些人际关系是我们生活的实质。这也是我外公的故事。他是靠各种人际关系而生活的。想想我们之前讨论过的内容。我们三个人都认为，我们生活中的重大转变是与他人相处的结果。我认为，在这一背景之外，很少发生重大变化。

马歇尔，当你考虑繁荣型领导时，你会想起谁？

马歇尔：当然，我想到的第一个人就是我的导师兼密友弗朗西斯·赫塞尔本，她最近去世了，享年107岁。那个老妇人的生活多么繁荣啊！她是有史以来重要的领导者之一，彼得·德鲁克称她为美国最伟大的首席执行官。她是一位非凡的女性，在担任首席执行官期间，她带领女童子军发展壮大，为该组织带来了多样化的人员和想法，对几代女性产生了巨大的影响。她是首位登上《商业周刊》（*Business Week*）封面的女性首席执行官。90岁时，她成为西点军校领导力发展的代表人物，深受爱戴，美国国防部长在纪念她终身服役的仪式上发表了讲话。很难想象还有谁能比弗朗西斯对更多的人产生更积极的影响。

弗朗西斯是你见过的最强大的前辈。我觉得没有谁是她无法与之针锋相对的。虽然她的个子不高，但她的身材和个人气质都很出众。与此同时，她又非常谦逊。我最喜欢的一个关于弗朗西斯的故事是这样的。有一次，她邀请我在她的一次会议上发言，当然，我立刻同意了。拒绝弗朗西斯是不可能的。但我有点不好意思地问她，我发言时，她能不能找人帮我洗衣服。你知道，我经常出差，周末我可以来参加她的会议，而不是停下来洗衣服和打包。当然，她说那没问题。在会议上，我正准备发言，然后，我注意到弗朗西斯在她的高管听众面前拿着我要洗的衣服。这就是纯粹的弗朗西斯！她的行动表明，没有什么任务是她办不到的，并为她的领导者们树立了一个榜样，没有什么任务应该是他们办不到的。弗朗西斯以身作则。

我从弗朗西斯的生活中学到的，也是我们都能从她树立的榜样中学到的：我们的生活之所以丰富，是因为我们付出了什么，而不是我们得到了什么。没有人比弗朗西斯更慷慨大方了。她身边从来都不缺热爱她、崇拜她、尊重她、被她激励的人。她的生活确实是繁荣的，她也证明了一个人如何通过把别人放在第一位来提升自己的生活，让自己的生活充满只有人际关系才能带来的财富。正如杰奎琳在她的故事中所分享的那样，人际关系也许是我们死后唯一能带走的念想。人际关系是我们的记忆得以留存的方式。按照这个标准，弗朗西斯在天堂里的生活依然充实而丰富。

杰奎琳： 马歇尔，我喜欢听你讲弗朗西斯的故事。你和百位教练社区的其他朋友告诉我的故事让我感觉我认识她，她的繁荣生活当然激励着我。我们很荣幸她是我们社区中的一员，我们的教练社区正在继承她的精神遗产。

我们团队在线下活动期间萌生了一个重要认识，即我们所做的一切都与人际关系有关。就其本质而言，教练可以释放人际关系的变革力量。我们真的是在一个有着不同教练的社区里。这是我们正在做的一切的支柱。

我们也和客户保持着良好的关系。与他们建立牢固且真诚的人际关系是我们的首要任务。我们的洞察力告诉我们，这与效率无关。我们已经知道，创造力每次都胜过生产力，正是这种认识产生了巨大的成果。让我们投入更多的资源，让我们花更多的时间在一起。我们不要试图最大化我们的效率或时间。相反，让我们试着最大化我们的人际关系和变革。我认为这为每个人创造了真正的繁荣。企业为人而存在，而不是人为企业而存在。

斯科特：这就是你为什么要选择教练型领导的原因。你成为可教练型领导者，反过来，你也会影响许多人的生活。你可以深化你的人际关系。当你选择教练型领导时，你就会从静止状态变成流动状态。你可以做以前做不到的事情。你会变得更灵活、更开放。因为你现在置身于更开放的空间里，你可以和各种不同的人建立关系。这是我的经验，也是我从我们接触过的数百人身上观察到的现象。我对人类巨大的成长能力感到惊讶。我们认识到，这在纸面上很容易理解，但在现实中很难付诸实践。我们在第二部分中谈到的方法可以让人们敞开心扉，进行他们从未想象过的扩张行动。

你和你自己之间的关系，你和组织里的人之间的关系，你作为这个世界上的一个人类有机体，一旦你变成可教练型领导者，事情就会发生变化。本书的目标只是帮助人们开放一点点，这样他们就可以创造一个小小的变化，最终变成一个大大的变化。这就像巴克明斯特·富勒（Buckminster Fuller）的"微调舵"概念，微调舵是附着在船舵上的一小条金属，可以帮助大船转向。

在某些方面，我们必须摒弃旧的思维习惯。登顶可能不是最令人满意的结果。管理思想家詹姆斯·希特林（James Citrin）在其著作《动态路径：通过坚韧的精神、鼓舞人心的领导力和个人转变来获得伟大成就的秘诀》（*The Dynamic Path: Access the Secrets of Champions to Achieve Greatness Through Mental Toughness, Inspired Leadership and Personal Transformation*）中，采访了数十位达到职业生涯巅峰的顶级领导者。他们中的许多人到达了顶峰，这些人看着奖品，意识到最重要的不是顶峰。相反，为世界创造更多价值才是真正的终极成就。当领导者们达到他们自认为的职业生涯巅峰时，我们经常听到这样的话。

杰奎琳：令人惊讶的是，有多少"公认的智慧"其实并不明智。我们有太多东西需要忘记，包括我们在商学院学到的一些公认的智慧。我们的朋友兼教练博妮塔·汤普森（Bonita Thompson）博士谈到了资产负债表如何将员工列为"支出项"。公司总是说"我们的员工是我们最大的资产"，但实际上公司把他们视为支出项。

支出项也意味着可消耗的东西。但在这个时代，我们不能那样看待别人。信息工作者的人数比以往任何时候都多。最终，即使人工智能和其他技术与人类交互，我们也可能会做更多心灵上的工作，而不仅仅是智力上的工作。但那是另一个话题了。

关键是，当人们是信息工作者时，他们正在增加大量不可互换的价值。当他们离开公司时，他们带走了多年的经验和知识。这些都是很有价值的。我们已经知道，寻找、雇佣和培训一个新人所花费的时间和金钱是非常昂贵的。那么，为什么我们要把我们的团队当成支出项，而不是资产呢？其实，人才才是团队真正的资产！

斯科特：将员工视为资产更有意义，正如你提到的，这也符合领导者对做出积极贡献的员工的看法和感受。如果你把你的员工视为一种资产，当你给他们培训时，培训会带来成长，你是在提升你的资产的价值。如果你让他们参加教练活动，你是在更进一步提升你的资产的价值。如果你留住了员工，你的资产寿命就变得更长。

如果一台机器的使用寿命不是 4 年而是 5 年，这在资产负债表上被视为一项资产，那么，我们已经摊销了这项投资。这是一件好事。然而，有些组织被激励去尽可能快地减少或摆脱机器的费用支出。与机器不同的是，机器往往会随着年龄的增长而退化，而大多数员工会继续改进他们的工作方式，加深人际关系，丰富企业的文化和社区。

实际上，这很好，因为我们不需要改变任何东西，除了我们的心态。当你开始把和你一起工作的人看作是你最大的资产，并给予他们相应的优待时（实际行动，非比喻意义），这就说得通了。吸引和留住人才是一种增加资产的行为，是你要做的最重要的事情。它可以创造繁荣。

下午

杰奎琳：你在午餐时说过，你想要列举一个繁荣型领导力的明确例子。最近我们采访了托德，他是一家微软认证的培训公司的创始人兼首席执行官。2009 年金融危机开始时，他的公司大约有 150 名员工，他在员工培训方面的投资要少得多。他的公司一度濒临倒闭。他必须决定削减哪些开支。再次强调，员工是支出还是资产？

于是，托德把整个公司的人召集在一起，站在他们面前说："公司可以是过山车，也可以是旋转木马。"

他接着说："听着，旋转木马很好。你知道你在哪里，你知道你要去哪里，你只是在兜圈子。这很安全。有些人喜欢这样。"

"但是，"他说，"我们公司会变得更像过山车。我们真的在这里制造一些东西。我们真的相信我们正在做的事情。但我们陷入了困难时期。我想让你们知道，欢迎大家跳槽。我们会为那些喜欢坐旋转木马的人支付遣散费。如果你决定待在过山车上，有时可能会有点吓人。就像现在一样。在接下来的几个月里，我们打算把每个人的工资都削减 25%，直到我们渡过难关，这样我们就不必解雇任何人了。"然后，他要求员工们在周末之前让他知道他们的决定。

只有一个人离开了公司。其余的员工都留了下来，接受了六个月的 25% 的减薪，直到他们走出困境。这一举措就是他对员工的真正承诺，彻底改变了公司的文化。我觉得这只是一个美丽的故事。

托德专注于"繁荣"。这位了不起的领导者向我们提出了一个要求。他告诉我们，他需要教练帮助他弄清楚下一步该做什么。后来，公司规模扩大到 250 人，他想要能够更广泛地思考。"但是，"他说，"我不知道还有什么我不知道的。我怎样才能走得更远呢？"

即使是一个繁荣型领导者，也可以通过教练活动走得更远。"繁荣"没有上限。我们迫不及待地想知道托德的旅程会把他带向何方。

马歇尔：在我的上一本书《丰盈人生：活出你的极致》（*The Earned Life:* Lose Regret，Choose Fulfillment）中，我讲了一个关于繁荣的故事。这是马克·特瑟克（Mark Tercek）的故事。他是高盛的合伙人，才 40 多岁。他是高盛的完美人选，因为他聪明、有魅力，而且在为公司投资方面出类拔萃。在个人生活中，他更安静、更谦逊，专注于自己的健康，是一名坚定的环保主义者。2005 年，他成为该公司环境市场部门的领导。三年后，一家猎头公司请他推荐一个人担任大自然保护协会的首席执行官。当他考虑可能的候选人时，他自己的名字不断浮现在脑海中。当然，他有资格，也有激情。他的心里真的渴望得到这个职位，他的妻子艾米也致力于环保事业，所以对他的这一举措表示支持。

　　然而，不知是什么东西阻止了他把自己的名字写进候选人名单。这将意味着结束他在高盛的金融服务生涯，从纽约搬到华盛顿特区，在非营利领域开始新的职业生涯。马克和我一起散步，我们都很清楚，这是他真正想要的东西，因为他觉得他可以在环保主义的世界里做出有意义的改变。然而，他犹豫了，纠结要不要答应。他很在意别人对他离开高盛的显赫职位去大自然保护协会工作的看法。我让他转过身来，我看着他的脸说："来吧，马克！你打算什么时候开始你自己的生活？"

　　这正是他所需要的震撼。他打电话给招聘人员，要求考虑这个职位，结果被录取了。他让高盛从财务指标上对成功的定义掩盖了他所知道的对他来说是"繁荣"的东西。他在大自然保护协会的任期内取得了巨大的成功，他能够完成很多事情，并拥有一份自我满足的为环境做出贡献的生活。

　　斯科特：马歇尔，马克的故事太普遍了。似乎整个世界都在密谋让我们分散工作注意力，而工作恰恰能让我们感到真正的满足。有时候，人们会被一种不可或缺的感觉所吸引，比如，"组织需要我"。有时候，我们觉得我们正处于连胜状态，不结束就不能离开，比如，"又来了一桩大买卖"。还有一段时间，我们觉得无处可去。一旦马克摆脱了对别人想法的恐惧，并接受了自己的想法，他就为"繁荣"做好了准备。

就我个人而言，我从未像现在这样明确自己前进的方向，也从未像现在这样渴望实现目标。对我来说，"繁荣"的真谛在于它与最终产品无关，它是一种存在方式。

假设你从奋斗走向繁荣。奋斗就是为了最终的成果。奋斗不是一段旅程，也不是一种特定的方式。繁荣恰恰相反。关键在于你如何在每一刻出现。这一切都是关于你的存在，你以一种对你来说真实的方式过你的生活。

实现繁荣的一个方法是想象你将会产生的影响，即涟漪效应。但还有一种可能，那就是接受你不知道的东西。正如《丰盈人生：活出你的极致》中所说的那样，我们应该放弃我们可能在未来产生的影响。世上有太多我们无法控制的因素。我们要专注于现在正在做的工作，这是我们可以控制的。我们要了解自己在做什么，为什么这么做，最好是在广泛反响的背景下，而不是只考虑对自己的影响。

这样，"繁荣"诞生了。这种繁荣发生在哪里并不重要。当然，你希望它发生在你的家人身上，他们可能会对世界产生最大的影响，但也可能不会。也许你所做的工作触动了一个你从未见过的人，那个人因此做出了一些了不起的事情；或者你为"繁荣"所做的一切都付诸东流。但这不是最重要的。重要的是，你已经将你的意图从弄清楚如何为自己积累最多的东西转变为培养整体的成长。

杰奎琳：对于你所说的话，我有一个可能很奇怪的类比，不过请听我把话说完。为什么有些人会得流感，而有些人不会？你可能得了流感，但你家里的其他人不会被传染。但是，当你去杂货店买东西的时候，杂货店里有人会因为你而染上流感，就是那些容易感染病毒的人！繁荣就像一种"积极的流行病"。在那个时候，谁容易受到传染，谁就能理解繁荣的力量。有趣的是，有时这些人可能是你非常亲近的人，有时他们可能是与你没有交集的人。但不管出于什么原因，他们总有敞开心扉的时候。命中注定的是，他们能在他们需要的时候从你那里得到他们需要的东西。

斯科特：我还有一个比喻，即繁荣不是一朵花在生长。这是一片鲜花盛开的田野。你无法想象一朵花说："我想拥有这片土地，我要成为这片土地上唯一的花。"不，田野里有更多的花和更多的根。花朵越茂盛，就会有越多的传粉者被吸引到田间。诸如此类。这才是真正的生活、真正的繁荣。

马歇尔：当我想到今天那些"繁荣"人士的时候，我不得不想到迈克·索尔索克（Mike Sursock）。迈克是商界优秀的经营者之一，在对员工充满热情的同时，他始终如一地提供卓越的业绩。他聘请了世界上一些最好的顾问，并从世界上最成功的一家私募股权公司内部建立了一个衷心且富有同情心的运营咨询公司。在他的影响下，该公司在财务指标上的表现优于其他公司，在人力标准方面则更胜一筹。

有一天，他和我聊天，他给我看了他的"生命之轮"图表。多年来，他根据"生活就是活在当下"的理念，绘制了这张图表。他认识到我们只有一次生命，为此，健康、心态、精力、家庭、社区、工作等一切都必须深度融合。但同样重要的是，我们每个人都要找到自己的平衡，还要根据这些元素对我们的价值大小进行排名。迈克的图表清楚地说明了他的优先事项，以及他在这些事情上花费了多少时间和精力。经过深思熟虑，他意识到对他来说最重要的一件事就是花时间陪伴住在5000英里（1英里≈1.609千米）外的年迈母亲。他意识到可能他只有几年的时间可以回馈给她。

这种反思开启了他考虑其他优先事项的大门。他很快意识到，他正在用事业上的成功来换取生活中更重要、更充实的部分。他不需要更多的工作上的成功。他已经完成了他打算完成的事情。他不需要更高层次的声望和成就。我让他预计一下他到什么年纪心有余而力不足。他想了想，回答说："也许10~15年之后吧。"我们意识到，如果他计划在这段时间中途退休，他拥有完全健康和行动自如的时间将不足十年。

这次对话瞬间创造了变化，而这样的对话数不胜数。迈克意识到，考虑到他所确定的优先事项，他需要做出根本性的改变。他承诺要花更多的时间与母亲、已成年的孩子和妻子在一起。迈克与他的公司分享了他的理念，他们支持和理解他，允许他减少日常责任，并显著地重新平衡他"生命之轮"中的优先事项。当我再次见到迈克时，他满脸笑容。他现在按自己的方式生活，而不是按别人的方式生活。他也帮助别人这样做。

斯科特：这些领悟是无止境的。我们不会相信我们看不见的东西，除非有人帮我们看到它，否则，即使它就在我们面前，我们也不相信。

杰奎琳：没错。这就是我第一次真正理解"繁荣"的无限力量时的感受。你可以把两个数字相加，甚至可以把两个数字相乘。但繁荣不是加法级别的增长，甚至不是乘法级别的增长，而是指数级别的增长。它正在聚集。没有地盘争夺战，也不要说我做得不够。"繁荣"是一个富足的世界，意味着我们所有人都有无限的未开发的潜力和发展空间。我们团结在一起，开始看到一种涟漪效应，比我们任何一个人单独经历的都要大。

斯科特：你已加入了我们的探索、学习和变革之旅。你已经探索了教练的基础、可教练型领导者的品质，以及教练型领导对自己和他人的好处。你已经看到了教练是如何提高你的领导力、你的生活品质，以及你对人类繁荣的贡献。你可以选择接受改变、反馈、行动和责任，以此作为成长和提高的方式。你受到了挑战，立志要成为一个更好的领导者和更优秀的人。

你应邀加入了一个由志同道合的人组成的社区，他们分享你的愿景和价值观。我们希望你接受这个邀请，继续发挥你的潜力。我们相信，当我们共同努力时，我们可以为这个世界带来积极的变化。

致读者：这本书不是结束，而是开始。我们想听听你的意见。我们想知道你的故事、你的洞见、你的问题。我们希望与你建立联系，并向你学习。我们想要创造一个对话、反馈和支持的空间。我们希望建立一个由致力于人类繁荣的可教练型领导者组成的网络。请访问 becomingcoachable.com，并与我们分享你的想法。我们期待收到你的来信。记住：我们共赴时代之约。我们可以一起改变这个世界。

合著者：斯科特、杰奎琳和马歇尔

⌛ 执行摘要

人际关系的价值

领导力涉及各个层面的关系管理。人际关系是人类成长和转变的载体。它们是我们生活的实质。人际关系有一种永恒的品质。

- 重视员工的价值。员工是资产，而不是支出项。像对待组织一样对待他们，以及他们与组织的关系。

- 在旅途过程中发现价值，而不仅仅是目的地。繁荣与最终产品无关。因为它包含了人际关系的价值，所以它关乎存在，关乎生活在当下。
- 对繁荣的可能性持开放态度。繁荣的蔓延是不可预测的。它可以在任何地方扎根。繁荣不只是加法级别的增长，它的影响是指数级别的增长。

作为领导者，这是一个令人兴奋的时代。作为领导者，你有机会改变的不仅是你自己，还有你周围的人和世界。

素材来源

彼得·布雷格曼被管理思想领域权威榜单 Thinkers 50 评为全球顶级教练之一。他指导 C 级高管成为卓越的领导者和伟大人物。他开发了大箭头法，使团队协作完成组织最重要的工作。彼得为 16 本书撰稿，并著有 5 本书，最近的一本是《你可以改变别人：四步帮助你的同事、员工甚至家人提高竞争水平》(*You Can Change Other People: The Four Steps to Help Your Colleagues, Employees — Even Family — Up Their Game*)。

艾丽莎·科恩是研究领先初创企业的权威。她是《从创业到成长》一书的作者，也是同名播客的创建者。她是康奈尔理工大学孵化器项目的执行教练。她经常在哈佛大学、康奈尔大学和美国海军战争学院担任客座讲师，并定期为《哈佛商业评论》《快公司》《福布斯》撰稿。

吉恩·厄尔利博士是一位思想领袖和战略顾问，在快速且正确地触及个人、人际和组织问题的核心方面经验丰富。此前，他是硅谷生命科学公司 Genomic Health 的联合创始人。此外，他还曾担任美国国立大学科纳分校（夏威夷）的运营副校长，并与人共同创办了欧洲第一家神经语言程序学（NLP）培训机构。

詹妮弗·戈德曼－韦茨勒博士是研究冲突和组织心理学的权威专家。詹妮弗帮助首席执行官及其团队达到最佳组织的健康和成长目标。她任教于哥伦比亚大学组织与领导学系，曾担任哈佛大学法学院谈判项目的协调员。她的著作包括《最佳结果：让自己从工作、家庭和生活中的冲突中解脱出来》（*Optimal Outcomes: Free Yourself from Conflict at Work, at Home, and in Life*）。

萨莉·海格森是女性和领导力方面的专家，并就这一主题出版了几本影响深远的书籍。除了教练工作，她还为世界各地的组织举办了 30 年的研讨会和主题演讲。萨莉是《战略与商业》杂志的特约编辑。萨莉与马歇尔·古德史密斯合著了畅销书《身为职场女性：女性事业进阶与领导力提升》（*How Women Rise: Break the 12 Habits Holding You Back from Your Next Raise, Promotion, or Job*）。

　　惠特尼·约翰逊是领导力发展公司 Disruption Advisors 的首席执行官。约翰逊是一位屡获殊荣的华尔街分析师，被 Thinkers 50 评为 2021 年十大领先商业思想家之一，被《公司》杂志评为 2023 年排名前 200 位的女性创始人。在 2020 年，她是领英上的顶级声音，她在领英上有 180 万粉丝。她是《华尔街日报》畅销书《智能成长》（*Smart Growth*）的作者，并主持了广受欢迎的"颠覆自我"播客。

　　休伯特·乔利是哈佛商学院高级讲师，畅销书《商业的核心》的作者，百思买前董事长兼首席执行官。在他任职期间，客户满意度和员工敬业度大幅提高，公司的碳足迹减少了 50% 以上，百思买的股价从低点 11 美元上涨到现在的 100 多美元。休伯特也是强生公司和拉夫·劳伦公司的董事会成员。

　　卡罗尔·考夫曼博士是麦克莱恩医院/哈佛医学院的教员，她在那里创立了教练研究所（IOC）。她还发起了哈佛大学教练会议和国际奥委会领导论坛。她是一家关于教练的学术期刊的创始主编。她与大卫·诺布尔合著了最新著作《实时领导力：在高风险时找到你的制胜之道》（*Real-Time Leadership: Find Your Winning Move When the Stakes Are High*）。

　　亚历克斯·拉撒路与世界各地的领导者和领导团队合作，

通过教练、培训和尖端的领导力诊断，实现个人和组织的转型。她还是"全球法律领袖"的全球大使和高级领导顾问。此前，她曾担任华特迪士尼公司、福克斯娱乐公司和维珍娱乐集团的营销主管。

米歇尔·蒂利斯·莱德曼在开始担任高管教练和培训师之前，做了十多年的财务主管。她曾被《福布斯》评为前 25 位社交专家之一。她是纽约大学斯特恩商学院的传播学教授，也是利哈伊大学高管教育的特聘教员。米歇尔是一位国际演说家，著有四本书，最近的一本是《连接者的优势：7 种心态提高你的影响力》（*The Connector's Advantage: 7 Mindsets to Grow Your Influence and Impact*）。

莎伦·梅尔尼克博士是研究女性领导力、晋升和权力方面的权威，她在哈佛医学院研究了 10 多年。作为一名受欢迎的教练和演讲者，她的方法得到了 75 家《财富》500 强公司和世界各地数百场会议（包括白宫和联合国）上的领导者的实地检验。她的最新著作是《主控力：全球领导力大师掌握人生的 12 个新策略》（*In Your Power: React Less, Regain Control, Raise Others*）。

尼洛弗·麦钱特是全球公认的管理思想家。2013 年，她获得了 Thinkers 50 颁发的"未来思想者奖"（Future Thinker Award），该奖项颁发给最有可能在理论和实践上影响商业的人。作为苹果和其他公司的长期高管，她负责运送了 100 多种产品，创造了 180 亿美元的收入。

迪恩·迈尔斯是一位有着 20 多年经验的高管教练。他是福布斯执行教练委员会和创新领导力中心的成员，也是麦克莱恩医院 / 哈佛医学院教练研究所的研究员。

艾伦·穆拉利是福特和波音商用飞机公司的前首席执行官，在《财富》杂志评选的"全球最伟大领袖"中排名第三。艾伦以其"同心协力"的领导和管理系统而闻名，包括设计"爱的连接"文化工具包，他使用该工具包为所有利益相关者和全球更大的利益创造价值。

大卫·诺布尔是一名执行教练、领导力顾问和战略顾问。他是亿康先达（Egon Zehnder）猎头公司和教练研究所（Institute of Coaching）的高级顾问。他曾担任奥纬咨询（Oliver Wyman）亚太区主管、科尔尼（Kearney）全球金融服务主管、摩根士丹利（Morgan Stanley）董事总经理和加拿大皇家银行（RBC）高级副总裁。他与卡罗尔·考夫曼合著了《实时领导力：在高风险时找到你的制胜之道》一书。

贝丝·珀利希拥有多年的管理和创业经验，这为她的教练生涯提供了丰富的经验。她是美国互动村（iVillage）的首席运营官/首席财务官，高盛风险投资公司的首席财务官。她与安东尼·罗宾斯（Anthony Robbins）共同创立美梦人生（Dreamlife），并担任其总裁职务。她创立并指导赫斯特企业创新公司，并担任公司的高级副总裁。她曾在纽约大学教授创业精神课程，并在女性领导力交流、斯德哥尔摩经济学院等许多场合担任特约演讲嘉宾。

普拉卡什·拉曼在硅谷一些精英公司担任全球首席执行官和高管的教练，这些公司正在经历高速增长。他在领英领导高管进修，并在斯坦福商学院开设了"以正念和同情心领导"的课程。作为一名网球运动员，普拉卡什在美国排名前五，在得克萨斯州连续五年排名第一。

约翰·里德博士是一名顶级高管教练，也是高级领导信赖的顾问，他倡导为实习教练制定更强的标准和能力以使行业专业化。他是《咨询心理学杂志》（*Consulting Psychology Journal*）的编辑委员会成员，领导心理学家协会的董事会成员和咨询编辑，麦克莱恩医院/哈佛医学院教练研究所的创始成员和特约作者。他的最新著作是《瞄准卓越：绕开其他，在了不起的高管教练中取胜》。

桑音·香在首席执行官生命周期的不同阶段为首席执行官及其继任者提供教练课程和建议，并使他们能够通过专注于团队动态来扩大和改造他们的公司。她是一名投资者、社交媒体影响者、作家和杜克大学教授。她是《麻省理工斯隆管理评论》教练专栏的作者，并在《华尔街日报》《哈佛商业评论》《纽约时报》《财富》和《印度经济时代》（ *Economic Times of India* ）上发表过文章。

迈克·索尔索克是私募巨头 BPEA EQT 集团的高级顾问。此前，他曾担任董事总经理、首席人才官和运营集团负责人，支持本集团投资组合公司在投资前和投资后的投资。迈克此前曾担任 KKR 公司开普斯通集团（Capstone Asia）的首席执行官和摩托罗拉公司副总裁。在此之前，迈克在玛氏公司（Mars Incorporated）工作了 20 年，最近担任中国区总裁兼总经理，带领团队制定并实施广泛的战略，使玛氏在中国的市场份额增长到 60%。如今，迈克作为教练和顾问，为正在经历重大变革和成长的公司和领导者提供教练服务。

博妮塔·汤普森，教育学博士，是一位领先的高管教练，在合作和教育方面有着深厚的专业知识。她是畅销书《被人仰慕：21 种让你的价值翻倍的方法》（*Admired: 21 Ways to Double Your Value*）的合著者。博妮塔曾在多家跨国公司担任高级人力资源主管，并在美国银行、基因泰克、李维斯、太平洋电信、瓦里安和卡特勒斯六家大公司担任人力资源创新者长达 25 年。

马克·C.汤普森是首席执行官联盟主席，该联盟是纳斯达克卓越董事会（Nasdaq Center for Board Excellence）的合作伙伴。在 IPO 期间，马克曾担任创始人查尔斯·舒瓦伯（Charles 'Chuck' Schwab）的幕僚长，然后担任其首席客户体验官和嘉信理财网站（Schwab.com）的制作人。马克在斯坦福大学创立了首席执行官继任准备计划，并在维珍公司担任理查德·布兰森创业中心的联合顾问。马克被《福布斯》评为"点石成金"（Midas Touch）的风险投资者，他投资的公司包括 Pinterest、Lyft 和 Meta 等标志性公司。马克是苹果、惠普和好事达收购的几家初创企业的创始董事长。他的著作包括《成功长青：谁都可以拥有意义非凡的人生》。

卡罗琳·韦伯是麦肯锡公司的高级顾问，她曾是该公司的合伙人，并共同创立了该公司的领导力实践部门。她还曾在英格兰银行担任经济学家。她是教练研究所的创始成员，也是伦理系统（Ethical Systems）和建设性对话研究所（Constructive

Dialogue Institute）的顾问委员会成员。卡罗琳经常为《哈佛商业评论》撰稿，并著有《如何过好每一天：利用行为科学的力量改变你的工作生活》（*How to Have a Good Day: Harness the Power of Behavioral Science to Transform Your Working Life*）一书。

作者小传

斯科特·奥斯曼是百位教练经纪公司的创始人兼首席执行官，该机构旨在扩大世界上最具代表性的领导力思想家和高管教练的集体影响力。他是百位教练经纪公司专属策展流程和公司关系第一理念的联合设计师。在担任首席执行官期间，他为公司建立愿景，促进合作伙伴关系和业务发展，是百位教练社区的重要支柱。该社区是他与马歇尔·古德史密斯于2016年共同创立的。他是在线学习平台"百位教练方法"的联合创始人。

杰奎琳·莱恩是百位教练经纪公司的总裁，也是该公司专属策展流程和公司关系第一理念的联合设计师。自该机构成立以来，她一直在该机构工作，是百位教练社区的重要支柱。杰奎琳一生致力于通过提高领导力来改善所有人的生活，自然而然地进入了高管教练的世界。此前，她在能源行业担任过各种职务，在此期间，她对领导的危险和特权有了深刻的见解。

马歇尔·古德史密斯是马歇尔·古德史密斯集团和百位教练经纪公司的创始人。他是哈佛医学院教练研究所终身成就奖的首届获奖者，也是 Thinkers 50 "名人堂"的入选者，还是达特茅斯塔克商学院的管理学教授和彼得·德鲁克基金会的董事会成员。他在加州大学洛杉矶分校安德森管理学院获得博士学位。在他的教练实践中，他为 200 多位首席执行官和他们的管理团队提供过建议。马歇尔创作和编辑的图书超过 35 本，其中包括《管理中的魔鬼细节：突破阻碍你更成功的 20+1 个致命习惯》。他最近的一本书是与马克·莱特尔（Mark Reiter）合著的，书名是《丰盈人生：活出你的极致》。

鸣　谢

多年来，我们阅读了各种各样的书籍，尤其是商业书籍，总是惊叹于致谢部分所提供的广泛的赞赏和认可。我们不再感到惊奇。在经历了写书的挑战之后，我们明白，在我们的一生中，需要一个村庄来抚养我们、教导我们、启迪我们的思想，并在人生的各个关键时刻做出贡献。村里的每一个人都值得表扬。大约一年前，我们顿悟到人际关系是我们生活中最重要的部分，如果我们把人际关系放在第一位，其他的（包括交易）就会随之而来。事实证明，这是一种有先见之明的理解，改变了我们的生活，也改变了我们周围每个人的生活。我们将通过这一强有力的人际关系"透镜"来分享我们的感谢。我们希望你能像我们一样，发现它的激励作用。

斯科特：

在这个以人际关系为重的世界里，我们和马歇尔的关系的重要性怎么强调都不为过。马歇尔是个高深莫测的人，一会儿提供明智的建议，一会儿提供难以下咽的指示，接着是一个有趣的故事和一阵哗笑。在过去的八年里，我一直与马歇尔流畅地合作，创建了 MG100，后来成为百位教练社区，然后又催生了百位教练经纪公司，杰奎琳三年前加入了进来。在那段时间里，我对马歇尔的生活有了第一手的资料，我可以证明以下几点：马歇尔使数百万人（也许是数千万人或数亿人）的生活变得更好。他通过他的书、他的巡回演讲（他的演讲太详尽了，波诺听了都得自惭形秽）和他的教练课程来做到这一点。我目睹了马歇尔的智慧和建议所带来的深刻变化。但他的秘密武器是他对客户和周围人的爱，这是他真正改变生活的工具。他的作品提醒我们，我们每个人都有能力改善周围人的生活，并激励我们在本书的第三部分中进一步挖掘。简单地说，我们写这本书的目的是通过我们的经验的镜头和滤镜来阐明马歇尔的贡献。我只想说，我们的生活因为认识了马歇尔而永远改变了，我们仍然心存感激，充满好奇和爱，并期待着接下来许多年的欢乐时光。

杰奎琳：

自 2016 年 12 月成立以来，百位教练社区一直是一个培养对话、灵感和友情的源泉。该组织秉承了马歇尔所表现出的慷慨精神，这是彼得·德鲁克和弗朗西斯·赫塞尔本展现给马歇尔的并在此后在成员之间代代相传。三年前，我们以某种形式开始讨论这本书，而这个小组是这本书的思想和反馈的非凡来源。如此多的成员提供了至关重要的见解，并对我们的构思做出了实质性贡献。有超过 20 名成员被列为直接的素材来源，他们为这本书接受了明确的采访或者做出了巨大的贡献。这本书是集体的天才之作。我们从这些各类杰出人士中汲取了宝贵的经验，我们有幸把他们称为我们的朋友。冒着没有记住每个人的风险，我们想要喊出那些在文中未被承认做出了特殊贡献或提供了大力支持的同人。我们知道与你们对话意味着什么？马丁·林德斯特伦、惠特尼·约翰逊、桑音·香、吉姆·金（Jim Kim）博士、迈克·索尔索克、亚历克斯·奥斯特瓦德、切斯特·埃尔顿（Chester Elton）、萨莉·海格森、南康德·卡松德 - 范·登·布鲁克（Nankhonde Kasonde-van den Broek）、休伯特·乔利、艾瑟·伯塞尔、彼得·布雷格曼、斯里库马·拉奥（Srikumar Rao）、费兹·法特希（Feyzi Fatehi）和哈里·克雷默（Harry Kraemer）！我们知道即使这份长长的名单也不完整，我们也不能忘记以下的挚友们：多里·克拉克（Dorie Clark）、艾丽莎·科恩、莎伦·梅尔尼克、贝弗·赖特（Bev Wright）、约翰·里德、莫拉格·巴雷特（Morag Barrett）、康妮·迪肯（Connie Dieken）、贝丝·珀利希、比尔·卡里尔（Bill Carrier）、约翰·斯维奥克拉（John Sviokla）、普拉卡什·拉曼、道格·格思里（Doug Guthrie）、博妮塔·汤普森、泰勒·本 - 沙哈尔、米歇尔·约翰斯顿（Michelle Johnston）、米歇尔·蒂利斯·莱德曼、诺埃米·勒佩特尔（Noémie Le Pertel）、莫特·亚伦森（Mort Aaronson）、詹妮弗·戈德曼 - 韦茨勒、朱莉·卡里尔（Julie Carrier）、布鲁斯·卡萨诺夫（Bruce Kasanoff）、马克·莱特尔、阿列克谢·罗比乔克斯（Alexi Robichaux）、达米安·沃恩（Damian Vaughn）、布莱恩·O.昂德希尔、亚历克斯·帕斯卡尔、卡罗琳·韦伯、詹姆斯·希特林、艾丽卡·阿德哈万（Erica Dhawan）、艾美·艾蒙森（Amy Edmondson）、阿西·爱德凡尼（Asheesh Advani）、达切尔·凯尔特纳（Dacher Keltner）、汤姆·科蒂茨（Tom Kolditz）、罗伯特·格雷泽（Robert Glazer）、索尼亚·玛茜娅诺（Sonia Marciano）、桑迪·奥格（Sandy Ogg）、莉兹·怀斯曼（Liz Wiseman）、丽塔·麦格拉思（Rita McGrath）和霍滕斯·勒根蒂尔（Hortense le Gentil）。我们还想记住我们失去的三位敬爱的前辈，我们对他们的追忆继续激励着我们：弗朗西斯·赫塞尔本、克里斯·科菲（Chris Coffey）和大卫·彼得森（David Peterson）。

斯科特：

2018 年 1 月，我开始构思"百位教练经纪公司"，2020年 9 月组建公司。杰奎琳是令人敬畏的二号员工。但直到 2022年 7 月，我们有了线下活动，我们才意识到我们是一家人际关系至上的公司，于是成就了今天的我们。所以我们决定，如果我们要以人际关系为重，我们应该有一个首席关系官。我们第一个讨论这个想法的人是安迪·马尔蒂尼埃罗（Andy Martiniello），介绍我们认识的人是亚历克斯·奥斯特瓦德，后者是我们在 Strategyzer 的好友，也是改变世界的人。安迪听说了我们要的人，然而简单地说了句："我想，我就是你们要找的合适人选。"他的确是最佳人选。与他的合作拓宽了我们的世界观，也让我们明白了一家真正以人际关系质量而非交易来衡量成功的公司的意义。我们也很幸运地吸引到了尼雅·阿卜杜勒卡迪尔（Niya Abdulkadir）这样的杰出人才，在她被麦肯锡挖走之前，我们很幸运地请到了她。我们知道她会在麦肯锡茁壮成长。在这六个月里，她对我们的影响是巨大的，我们很感激能称她为我们的合作伙伴和朋友。珍妮丝·加伦（Janice Gallen）在尼雅之后不久也到了。珍妮丝是我们见过的了不起的人之一，因为她既坚定又灵活，既能合作又能独立，既有条不紊又自由自在。无论是对人还是对事，珍妮丝都是一个充满活力的存在，同时坚定地创造解决方案。我们都有很多东西要向珍妮丝学习，我们很高兴看到她和我们一起成长。帕特里克（Patrick）是我们最新的团队成员，他的天赋立刻被我们感受到了，因为他有一种神奇的能力，可以让复杂的事情变得简单，而且善做"无米之炊"。他是一个了不起的问题解决者和合作者，同时也是个笑口常开的乐天派。我们正在建立一种新型的公司，把我们的人际关系放在第一位，这意味着我们必须照顾好我们自己、我们彼此、我们的客户、我们的家庭和地球。我们将在未来进行更多的探索，我们想要感谢每一位支持本书创作的人，以及我们目前居住的这个世界。

杰奎琳：

我们也想要向我们的教练的指导对象表达我们的感谢。我们认为自己从事的是"元 – 元商业"（meta-meta business），某些领导者为他们所领导和所爱的人的生活带来了真正的改变，这些领导得到了某些教练的支持，这些教练又得到了我们的支持。我们坚信，这是我们创造人类繁荣的方式，虽然我们很高兴能尽自己的一分力量，但我们认识到谁在前线。真正的英雄是我们有幸与之共事的领导者，我们在每次互动中都能从他们身上学到东西。我们惊叹于他们的成就，并自豪地在本书中分享了他们的故事。我们无法一一细说，我们甚至不奢望去提及其中任何一个人。但要知道，我们看到了他们，我们尊重他们所做的工作，我们敬畏他们给世界和他们所爱和所领导的人的生活带来的不同。我们希望他们会读这本书，并在书中认出自己的声音，理解他们的灵感和贡献是让本书焕发生机的基本要素。如果我们不特别感谢马克·C.汤普森，那将是我们的疏忽，他撰写了本书的推荐序，从"百位教练"之旅开始，他就一直是一位了不起的教练、导师和向导。他设定了很高的标准，并支持我们努力超越它。

斯科特：

我们永远感激那些我们爱的人和爱我们的人，他们为我们的写作提供了支持和空间。在我们生命中的每一天以及未来的每一天，他们都在激励着我们、教导着我们。阿利格拉（Allegra）用欢乐、笑声、舞蹈和喜悦照亮了我的生活。她每天都为我和其他许多人创造一个奇妙的世界。

我要特别感谢我最伟大的老师：我的孩子杰克和莉莉，他们的生活是我的榜样和灵感。杰克，感谢他的创造力和对创意和理想的执着。莉莉，感谢她的创新能力、勇气和决心。他们知道如何跟随自己的心，以优雅的方式让我负起责任。他们是我渴望成为的那种领导者和人物。我永远欠他们的情。我感谢我的父母哈利和斯蒂芬，他们爱我，教会我去爱生命中的每一天。我有这么棒的父母，没有比我更幸运的孩子了。我非常感谢我的妹妹杰米和弟弟巴特，他们是我非常钦佩的杰出人物，他们给了我不可思议的支持，我知道他们永远站在我的身边。我还要感谢琼和迈克尔，你们总是在那里给我支持、给我欢笑、给我美好。

感谢我的小社区，罗麦莫 / 肖利希（Romemu/Shoresh），尤其是拉里 / 雪莱（Larry/Shelly）、卡伦 / 亚瑟（Caren/Arthur）、安吉 / 诺曼（Angie/Norman）、马克 / 凯琳（Marc/Karyn）、卡罗琳 / 里克（Caroline/Rick）、艾伦、史蒂夫 / 玛西娅（Steve/

Marcia）、凯伦／彼得（Karen/Peter），他们用爱和灵感滋养着我。感谢百位教练社区，这里就像伊甸园，超乎想象的丰饶。我还要感谢简·科斯特林（Jane Kosstrin），她是我在品牌和设计公司 Doublespace 的杰出合作伙伴，她教会了我如何带着清晰的思路去观察、创造和沟通。2017 年 11 月，我在伦敦与斯科特·马尔金（Scott Malkin）共进早餐，他鼓励我致力于打造百位教练项目。我将永远感激这个建议，因为它改变了我的人生历程，也改变了很多人的生活。

2018 年 1 月，我坐下来，想象着百位教练项目会变成什么样子，包括一个社区、一个学院、一个经纪公司和一个品牌。在接下来的五年里，这一切都变得鲜活起来。我当时无法想象、现在也无法想象的是，有一个像杰奎琳这样的合作伙伴来建立和发展我们的业务，为我们所做的一切提供思想、精神。我很感激我们的合作，对她已经完成的工作和我知道她将完成的工作感到敬畏。我们一直在合作，我们在模拟我们希望每个人都能体验到的职场世界。

马歇尔：

我的生活因为有了一个很棒的伴侣而变得更好，她紧紧地拥抱着我，还允许我去广阔的天地工作。我的爱妻莉达是我永远的教练，她确保我对变化和新想法保持开放的心态，她总是愿意采取行动，她以一种我一直感激的方式让我负责。她让我过上了丰盈人生。我的女儿凯利展示了承诺和决心的力量，激励我达到自己的最高标准。我的儿子布莱恩教我如何不把生活看得那么严肃，以及如何在没有最终蓝图的情况下取得成果。我的孙子艾弗里和奥斯丁证明，我们不是下一代的对手，他们将找到我们从未想象过的道路和解决方案。

当然，还要感谢我最伟大的教练们，以及我教练过的人们，包括我仍在向他学习的穆拉利，还有已故的保罗·赫塞、彼得·德鲁克和弗朗西斯·赫塞尔本，他们每个人都支持我成长，帮助我进行教练型领导。我感谢百位教练团体的每一位成员。你们每个人都让我的生活更美好。生活，的确很美好。

杰奎琳：

感谢我了不起的丈夫迈克尔，谢谢你无尽的爱和支持。感谢你替我完成了无数个小任务，让我有时间和空间投入到这个项目中，并为我提供食物、水和咖啡因，让我吃饱喝足继续干。谢谢你听我朗读以确保流畅和语调恰到好处。感谢你勇敢地进入教练世界，首先是作为客户，后来你自己也成了教练。你的旅程激励了我，让我投身于我内心呼唤的工作。

感谢我了不起的父母加里和蕾妮，他们对我坚定的信心激励我一生去追求更大的梦想。我是我所知道的最幸福的人，因为能得到你们的垂爱和支持。谢谢我的好姐妹丽贝卡和凯特琳，她们是我最珍贵的两个朋友。你们让我开怀大笑，你们激励着我，你们让我在任何地方都有宾至如归的感觉。

感谢一路以来陪伴我的许多优秀的老师：约翰·穆索（John Musso）、维姬·沃尔特（Vicki Walter）、保罗·提卡尔斯基（Paul Tikalsky）博士、卡尔·里德（Karl Reid）博士、阿什莉·福特 - 维尔西普特（Ashlee Ford-Versypt）博士、苏珊·乔丹（Susan Jordan）、戴·摩根（Dai Morgan）博士、安·奥尔吉斯比（Ann Olgesby）、希斯·迪普里斯特（Heath DePriest）、罗纳德·桑切斯（Ronald Sanchez）、希斯·迪克特（Heath Dieckert）、伊吾宁·加尔文（Evening Galvin）和梅格·沃尔夫（Meg Wolf）。感谢我最亲爱的朋友们，他们在我前进的每一步都提供支持和鼓励，谢谢你们：莫妮卡·瓦尔迪兹（Monica Valdez）、苏伦·沃尔斯（Soeren Walls）、托丽·贝尔（Tori Bell）、萨凡纳·罗宾逊（Savanna Robison）、吉斯·伊姆霍夫（Chance Imhoff）、丹尼尔·安德森（Daniel Anderson）、布雷特·汉弗莱（Brett Humphrey）、考特尼·安德森（Courtney Anderson）、莎拉·安德森（Sarah Anderson）、尼雅·阿卜杜勒卡迪尔、凯尔·内格雷特（Kyle Negrete）、克里斯蒂安·泰勒（Christianne Taylor）和梅根·凯莱赫（Meghan Kelleher）等。真希望我能喊出你们所有人的名字。

感谢这个不可思议的百位教练社区，你们用爱和友谊改变了我的生活。我认为自己是世界上最幸运的人，因为我能和最优秀的人一起工作，并向他们学习。愿我们永远一起成长。谢谢你，马歇尔，你创造了这个神奇的社区。谢谢你"收养"了我的灵魂，你是我最伟大的老师之一，也是我快乐的源泉。你是慷慨的化身。最后，感谢斯科特，他不仅是我的合著者和合作伙伴，也是我最好的朋友。我们一起工作的每一天都充满了喜悦，我几乎不能称之为工作。只有与他同行，我才能感觉到使命和目标的统一。我们在短短的三年里取得了如此长足的进步。我几乎无法预测接下来的 3 年、5 年或 10 年会怎样。

马歇尔：

2022 年 8 月，百位教练社区在纳什维尔举行了新冠疫情结束后的第一次年度社区聚会。星期六晚上，在贝尔蒙特大学的费舍尔表演艺术中心，我们晚上欣赏了词曲作者演唱的歌曲。他们解释了歌曲创作的过程是如何分工协作的。一个人有一个曲调的想法，一个人有一些适合旋律的词，还有一个人对这首歌进行了几轮改进和完善，到最后，谁做了什么已经不清楚了，因为表达这首歌的是一个声音。这对这本书来说是一个完美的比喻。

斯科特：

三年前，我开始酝酿写一本书。2022 年 6 月，出书的想法终于成真，就是你手里拿着的这本书。我当时请了斯蒂芬·奥谢（Stephen O'Shea）来帮忙写一本书的提案。斯蒂芬是我的一位作家朋友，35年前，我在巴黎第一次见到他并与他合作，从那以后我一直很欣赏他的作品和写作风格。我们开始着手计划，从百位教练社区的成员中征求意见，其中最著名的是我的周三 Zoom 小组，该小组的常客包括迪恩·迈尔斯、贝丝·珀利希、安德鲁·诺瓦克（Andrew Novak）、伊芙琳·劳德斯汀（Evelyn Rodstein）、马克·郭士顿（Mar Goulston）和大卫·科恩（David Cohen）。我还要非常感谢马克·莱特尔（Mark Reiter），他是一位才华横溢的作家兼经纪人，也是马歇尔的合著者，在听取了一些想法后，他告诉我，只有在我们有权讲述故事的地方，我们才能写这本书。感谢吉恩·厄尔利和尼洛弗·麦钱特，我了不起的教练（实际上是我们整个团队的教练），他们是我们早期的参谋和鼓励者。我们从我们非常熟悉的马歇尔教练的教学中吸取了很多东西。2022年9月，我和杰奎琳会见了埃里克·舒伦伯格（Eric Schurenberg），他是"百位教练"的早期成员之一，也是《快公司》杂志和《公司》杂志的前主编。我们一起讨论与他加入的 Amplify 出版集团一起创建"百位教练"品牌的事宜。五年来，我一直想建立"百位教练"品牌，但一直没有找到合适的合作伙伴。

杰奎琳：

去年10月，我们会见了 Amplify 公司的纳伦·阿里亚尔

（Naren Aryal），并立即意识到埃里克是对的，这对我们来说是正确的时机和合作伙伴关系。我们决定，这本书将成为该公司的第一本书，并制定了一个非常积极的出版时间表。11月下旬，我们审查了斯蒂芬起草的出书建议，决定请《公司》杂志资深作家拉里·布坎南（Leigh Buchanan）接手，开始研究我们对谋篇布局的假设。从1月开始，布坎南做了一项出色的工作，他收集信息并采访了近20名世界顶级教练。到2月底，他完成了奠定本书基础的初稿。

我和斯科特觉得缺少了一些东西，我们让斯蒂芬回到了写作过程中，又请来尼洛弗·麦钱特为我们想要表达的内容提供广泛的战略思考。在这段时间里，我们考虑了第三部分，进行了对话，并撰写了这一部分内容。在纽约的几天里，通过与尼洛弗·麦钱特、安迪·马尔蒂尼埃罗和斯蒂芬·奥谢的谈话，我们的想法得到了进一步的强化和完善，这是一次真正的思想聚会。此外，我们还有一些优秀的读者和其他有思想的合作伙伴，他们分享了宝贵的观点，包括素德·文卡特斯（Sudhir Venkatesh）、迪恩·迈尔斯、贝丝·珀利希、艾伦·穆拉利和莎拉·麦克阿瑟（Sarah McArthur）。

斯科特：

我想暂停这段叙述，然后请纳伦和妮娜·斯潘恩（Nina Spahn）来谈谈，在这一点上，她们本可以对错过最后期限和改变目标感到愤怒，但她们却提供了大力支持和鼓励。她们完全同意我们的愿景，并承诺尽其所能地支持我们的愿景。妮娜会成为叙事中的重要声音，她是我们的非官方编辑，她挽起袖子加油干，还挑战我们的想法，在需要的地方补充内容，并让我们保持诚实。

我和马歇尔、杰奎琳一起在商场里散步，花了好几个小时讨论这本书，谈论教练活动，探讨如何才能开展教练型领导。马歇尔的足迹遍布全书，包括在"元层面"上为我们提供想法和灵感。我们每个人都为这部作品贡献了我们的写作、我们的故事和我们的心灵，这使我们的手稿变得生动起来。

在我们认为是最后几天，甚至最后几周的时间里，杰奎琳完成了这本书的最后润色，充分实现了我们所期望的作品完成度。她对卓越的追求和对读者的奉献，让她在把作品打造得尽善尽美之前不肯轻易放手。她和妮娜一起度过了许多个深夜，在细节上精益求精。无论如何，杰奎琳都是你能想到的最完美的事业搭档，如果没有她，就没有这本书，也没有我现在居住的教练世界。

异口同声：

就像一个作曲团队一样，到最后很难知道谁做了什么贡献，除非另行注明。更重要的是，就像纳什维尔的词曲作者一样，我们所有人，包括埃里克、纳伦、拉里、斯蒂芬、尼洛夫、安迪、尼娜、马歇尔、杰奎琳和斯科特，都用一个声音清晰地向你们，也就是读者朋友，表达了我们认为你们能听到的最有意义的信息。

让我们开启一段充满爱、感激和惊奇的教练之旅吧！

斯科特、杰奎琳、马歇尔